EDSON GABRIEL GARCIA

ILUSTRAÇÕES: KIKO GARCIA

POLÍTICA
DECIFRA-ME OU TE DEVORO!

1ª edição
2022

© 2022 texto Edson Gabriel Garcia
ilustrações Kiko Garcia

© Direitos de publicação
CORTEZ EDITORA
Rua Monte Alegre, 1074 – Perdizes
05014-001 – São Paulo – SP
Tel.: (11) 3864-0111
cortez@cortezeditora.com.br
www.cortezeditora.com.br

Fundador
José Xavier Cortez

Editora
Miriam Cortez

Preparação
Agnaldo Alves

Revisão
Alexandre Ricardo da Cunha
Gabriel Maretti
Jaci Dantas

Edição de Arte
Mauricio Rindeika Seolin

Obra em conformidade ao
Novo Acordo Ortográfico da Língua Portuguesa

Dados Internacionais de Catalogação na Publicação (CIP)
(Câmara Brasileira do Livro, SP, Brasil)

Garcia, Edson Gabriel
   Política: decifra-me ou te devoro! / Edson Gabriel Garcia;
ilustrações Kiko Garcia. – 1. ed. – São Paulo: Cortez, 2022.

   ISBN 978-65-5555-338-3

   1. Brasil – Constituição 2. Democracia 3. Eleições 4. Ética
5. Notícias falsas 6. Partidos políticos 7. Política – Brasil
8. Política e governo 9. Políticas públicas I. Garcia, Kiko.
II. Título.

22-128197   CDD-320

Índices para catálogo sistemático:

1. Ciências políticas   320

Cibele Maria Dias – Bibliotecária – CRB-8/9427

Impresso no Brasil – outubro de 2022

Sumário

Agradecimento 11

Para começo de conversa 13

POLÍTICA: QUE BICHO É ESSE? 15

Política: que bicho é esse? 16

Política: gênero de primeira necessidade 19

O encontro da Ética e da Moral na Política 21

É possível ser "apolítico"? 24

Alguém precisa fazer alguma coisa 27

Movimentos na Política 29

O jogo político, o xadrez e a Caixa de Pandora 32

No mapa dos rótulos ideológicos:
esquerda, direita e... centro 35

Impeachment, Cassação e Renúncia de mandatos 38

Emendas Parlamentares: algumas explicações necessárias 41

Cidadania: o que é? 44

PARTIDOS POLÍTICOS 47

O Partido Político 48

Partidos Políticos: criação e funções 50

Partidos Políticos: estrutura e funcionamento 52

Quem faz parte de um partido político? 53

Fundos partidários: um poço sem fundo? 56

Uma reflexão sobre ideologia e partidos políticos 59

A sobrevivência dos partidos: alteração de nome,
fusão (incorporação), coligação e federação 62

Quadro partidário brasileiro:
algumas informações provocativas 65

TEMPOS MIDIÁTICOS NA POLÍTICA 69

Política e redes sociais: relações de
poder e duração dos tempos políticos 70

Fake news no cotidiano político 72

Gabinete do Ódio 75

As ruas: espaço público de
manifestações democráticas 77

Políticas públicas, discursos e o reconhecimento
da importância da escola 79

REGIMES POLÍTICOS E CONVERSAS AFINS 83

Sistemas de governo: a organização do poder político 84

Estado, país, nação e povo: é tudo a mesma coisa? 89

Necropolítica: licença para tirar vidas? 92

Regimes ditatoriais, censura e falta de liberdade 95

Golpe de Estado: rabiscos políticos de cores violentas 97

Atos Institucionais: licença para censurar,
calar a boca, torturar e matar 100

O tamanho do Estado e os serviços públicos 102

OS PODERES E A CONSTITUIÇÃO 105

Constituição Federal: um diálogo permanente
com nossas garantias e conquistas 106

Os traços autoritários do Poder Executivo 109

Freios e Contrapesos: os limites dos
Três Poderes da República 111

PARTICIPAÇÃO E SUAS AFINIDADES:
DIÁLOGO, REPRESENTAÇÃO, FISCALIZAÇÃO 115

Diálogo e participação: pilares da vida
política democrática 116

Políticas Públicas e Programas de Governo 118

O dinheiro público: de onde vem? 121

O dinheiro público: para onde vai? 124

Corrupção: o mal dos séculos? … 127

As mulheres na Política … 130

Os babados de uma Comissão
Parlamentar de Inquérito (CPI) … 132

ELEIÇÕES … 135

Brevíssimo e sempre útil manual para eleitores
(pre)ocupados com eleições … 136

O direito de votar como expressão da democracia … 138

Voto: da escolha individual às consequências coletivas … 141

Eleições: voto facultativo ou obrigatório? … 143

Calendário Eleitoral … 145

Pequeno e pouco exato dicionário de ideias
políticas pertinentes às eleições … 149

Outros conceitos que ajudam a entender melhor as eleições … 152

DEMOCRACIA … 157

Democracia: alguns tópicos para reflexão … 158

Democracia Participativa: por que navegar nessas águas? … 160

Redemocratização … 163

Escola e democracia … 165

Educação para a Política … 167

O fortalecimento da democracia … 169

QUASE FIM DE PAPO … 173

Agradecimento

Não posso deixar este livro vir a público sem agradecer a algumas pessoas que estiveram comigo neste mergulho lúcido nas dobras e nos bastidores do que seja a Política. Carlos Giannazi, na política partidária e institucional há um bom tempo, que me inspira a seriedade no trato da Política. Com ele aprendo diariamente que Política é coisa muito séria e não pode ser deixada nas mãos dos muitos espertalhões e corruptos que abundam no cenário. Aprendi com ele que, querendo ou não, gostando ou não, a Política faz parte da vida de todos nós. Um punhadinho delicioso de parceiros e parceiras que leram antecipadamente muitos textos para apontar, com seu olhar de lince e sua tela de radar inteligente, eventuais falhas, desconexões, esquecimentos históricos ou imprecisão histórica: Dr. Marcos Espinosa, Profa. Dra. Geni Rosa Duarte, Vania de Azevedo Lage, Muni Gibertoni, Rubens Carsoni Alves, Luiz Ferreirinha. Um agradecimento delicioso a outro grupo, este que quase sempre se ocupou em comentar os meus escritos ou elogiar o aprendizado: Antonio Gil, Aninha Valente, Cidinha Teixeira, Claudia Saud e Angela Clara Dutra.

A Huguetti Nero Davini, pela parceria pedagogicamente amorosa.

À minha querida amiga Miriamzinha Cortez, por ter acreditado de primeira na possibilidade de fazer das minhas observações domingueiras um livro e ter viajado comigo neste projeto intenso.

Um beijo delicioso lambuzado de carinho amigo pela parceria nesta caminhada.

Para começo de conversa

Certamente, algum sofista espertalhão cunhou a famosa expressão "Política, Religião e Futebol não se discutem". Quis o frasista tirar um dos direitos mais pertinentes à saúde da Política e da Democracia, que é o direito de manifestar opiniões. Penso, e foi com esse espírito livre que comecei a escrever os textos que compõem este livro, que qualquer tema pode ser discutido. Alguns, inclusive, devem ser discutidos, como é o caso da Política.

Chega de carregarmos o medo, ainda hoje presente, de sofrermos perseguição e assédio, demissão de cargos e perda de empregos, por manifestarmos nossa livre opinião! Chega de arrastar esse mal metido goela abaixo pela ditadura. Que mal há em querer discutir sobre a atitude de um ignaro que diz ocupar o cargo porque deus quis! Deus nada tem a ver com as escolhas políticas equivocadas que fazemos, entre outras razões, exatamente porque tememos ou ignoramos a Política, porque fizeram nossa cabeça para sermos "apolíticos", como se isto fosse possível.

Lá atrás, quando comecei a formatar a ideia destes textos – e sonhava com a possibilidade de juntá-los em um livro –, pensei nisto: em trazer a Política para nosso cotidiano, não como fato, pois isto já é real, uma vez que as decisões políticas nos alcançam cotidianamente, mas como matéria de discussão, conversas em roda, assunto de escola. Sim... assunto de currículo de escola! Sem medo de conversar sobre uma das essências da vida. Fui juntando ideias, anotando, escrevendo, lendo outras tantas, ouvindo áudios e *lives*, refletindo, pesquisando... e comecei a escrever de forma mais agradável, quase como se relata uma receita de bolo, de modo menos acadêmico. Textos que pudessem ser lidos por jovens estudantes, por educadores, por iniciantes na Política e por quem mais quisesse levar o tema e a discussão adiante. E deu nesse *POLÍTICA: decifra-me ou te devoro!* Dizem alguns manuais de redação que não é bom dar títulos de forma exclamativa ou interrogativa. Eu adoro. Principalmente porque, se eu não conseguir responder ao enigma-título, tenho certeza de que cada leitor chegará a sua resposta. E Política haverá de ser, para cada um de nós, um dia de sol, um perfume gostoso, um som de melodia delicada, um prego na parede, um relógio parado, uma carta sem remetente, um trovão de longo alcance, um pão na chapa, uma brasa mora, um adeus sem chegada... e por aí afora.

Agora, a responsabilidade é minha em ser claro e honesto nas breves anotações, e deixo nas mãos do(a) leitor(a) a possibilidade de continuar a construção da resposta. Com um gostinho de quero mais, com um apetite pelo sabor apimentado das conversas, pelos encontros nas curvas das estradas conceituais, com o desejo de não perder o hábito da perguntação.

Sinta-se à vontade para espernear, reclamar, discordar, anotar nas margens dos escritos, mandar mensagens, cutucar os de baixo para mexer com os de cima, pois esta é uma chance de entrar de cabeça e mente em Política e sair dando respostas para quem quiser ouvir. Ou não.

Obrigado pelo carinho da leitura.

Edson Gabriel Garcia, Sampa, setembro de 2022.

Política: que bicho é esse?

Política: que bicho é esse?

Esta talvez seja a pergunta de resposta mais difícil com que temos deparado vida afora. A metáfora "bicho" já diz alguma coisa dessa dificuldade, pois sempre que estamos diante do desconhecido e do não sabido, eis que surge a palavra salvadora. "Bicho", entre seus muitos significados, tem esse de indicar algo pouco ou nada sabido. E com razão, quem se arrisca a definir o que é Política? Mais interessante, talvez, do que definir, seja pontuar algumas ideias que caibam dentro deste conceito complexo. Aí... podemos arriscar.

POLÍTICA É:

⇨ uma atividade essencialmente humana (animais não fazem Política);

⇨ uma necessidade da vida em grupos (pólis), em sociedade;

⇨ entender o homem como um "animal político" (cuja sobrevivência está relacionada com sua vida em conjunto, convivência com outros humanos, na dependência que se estabelece quando se vive em sociedade);

⇨ uma mistura complexa de ciência, filosofia e arte;

⇨ uma parceira grudada na economia: onde tem uma, tem a outra (o que nasceu primeiro: o ovo ou galinha?) O que vem primeiro: a Economia ou a Política?;

⇨ ação voltada para a construção da cidadania (lutar pelos direitos humanos dos cidadãos é fazer Política do mais alto grau);

⇨ a coordenação de ações voltadas para o bem comum (embora a noção de "bem comum" varie de tempos em tempos e de grupos para grupos, a dignidade da vida deve prevalecer em todos esses matizes do bem comum);

⇨ a luta constante pelo poder (uma relação complexa que se estabelece em grupos humanos e que dá a uns o direito do mando e do domínio);

⇨ a luta constante pela manutenção do poder conquistado (ação geradora de mandos, domínios, atos de violência, subordinação, exploração de uns por outros, manipulação de informações etc.);

⇨ o exercício do diálogo em busca do equilíbrio de forças de poder e de distribuição de riquezas?);

⇨ uma ação humana que exige conhecimento, engajamento e participação (sob pena de ser sempre um dominado, explorado, mantido por cabrestos);

⇨ sempre uma ação que envolve tomada de decisões (quem não participa, cede aos outros seus direitos);

⇨ ação humana que está presente em todos os momentos da vida de cada cidadão (a luta pelo poder, pelo mando, por poder mandar no destino dos outros não está apenas reservada aos governantes, mas se espalha por quase todas as esferas de nossa vida, na convivência com outras pessoas. Em casa, alguém tem o poder maior do que os outros membros da família e toma decisões sobre, por exemplo, o orçamento doméstico; na escola, o espaço da sala de aula é o espaço de poder do professor ou do diretor; no grupo de amigos, haverá um entre todos que lidera o grupo, que determina o que fazer, quando e onde. Também a relação amorosa, embora diferente das outras relações, passa por disputas para se estabelecer quem manda. Em um templo religioso, ouvir um sermão do representante de "deus" ali presente que fala sobre o perigo deste ou daquele candidato, que tal candidato representa o demônio ou que um outro foi escolhido por "deus" é estar metido até a cabeça em uma ação política).

De certa forma, Política diz respeito muito e sempre à luta pelo poder.

A luta pelo poder envolve três momentos, diferentes entre si, mas como se fossem lados de um mesmo triângulo: a conquista, a manutenção e a expansão do poder. No campo da Política pública, a história registra a vida de alguns homens públicos que lutaram durante muito tempo, usando métodos e armas diferentes, para chegar ao poder, e lá chegando continuaram a luta para permanecer no poder, ampliando-o sempre que possível.

Quem exerce o poder tem a possibilidade de tomar decisões e produzir fatos na vida de outros indivíduos ou grupo de indivíduos. Para o bem e para o mal. O exercício do poder estabelece uma relação obrigatória entre quem manda e quem é mandado, entre quem exerce o poder e quem sofre a ação do poder exercido. Quem exerce o poder o faz através de uma força, que permite e dá condição para que o poder possa ser exercido. Quando falamos

em força, a primeira ideia que vem à cabeça é a força física, mas nem sempre esta é a força que sustenta o poder. Há outras formas de sustentação do poder que não seja a força física. Um pai ou uma mãe, por exemplo, sustenta o seu poder sobre os filhos novos por causa da sua dependência física, emocional, econômica. Quando o pai ou a mãe diz "você não vai usar o carro" ou "chega de jogos pelo celular", está exercendo o poder sobre o filho, sem usar a força física, sustentando o seu poder na condição de dependência do filho. Quando Maomé, no século VI depois de Cristo, ditava e ordenava aos escribas aquilo que deveria ser escrito e que se tornou o Corão, o livro sagrado do Islamismo, que é seguido religiosamente pelos muçulmanos, ele o fez imbuído da força que lhe fora concedida simbolicamente por ter sido escolhido por Alá (Deus) para ser o profeta da nova religião.

A teia de relações estabelecidas entre as pessoas no exercício do poder é muito grande. Loucura, ciúme, abuso, traição, bajulação, parceria, dedicação, violência, mentira, troca de favores, medo, perfídia, fingimento e hipocrisia, enfim, são algumas das atitudes, entre outras tantas, que envolvem a alma humana nas barras do poder. Seria ou teria ficado louco, pelo exercício do poder, o Rei Luís XIV, quando disse, num abuso de poder, "o Estado sou Eu", confundindo a si com todo o aparato do poder?

É esta relação entre as pessoas que o poder estabelece e que, no caso do exercício da Política pública, acaba por estabelecer um pacto entre quem exerce o poder e quem vive as consequências desse exercício, que sustenta a definição de Política como a arte de governar, de dirigir o destino dos cidadãos. Nesse sentido, a Política se confunde com a construção da cidadania, a busca da melhor qualidade de vida para os cidadãos de um grupo social. Talvez por essa definição tão ampla, seja quase impossível limitar o que seria a Política: ciência prática, arte, reflexão filosófica, estudo das relações humanas? Ou tudo isso ao mesmo tempo? Por ora, ficamos com essa definição de a arte de governar e de dirigir o destino dos cidadãos, sustentada pelo exercício do poder concedido de uns aos outros. Por esta razão, fomos induzidos a escrever Política, com a letra pê inicial em maiúsculo. Como se faz, por regra da nossa gramática, com os substantivos próprios.

> " a arte de governar e de dirigir o destino dos cidadãos, sustentada pelo exercício do poder concedido de uns aos outros "

Política: gênero de primeira necessidade

Nos acostumamos a ouvir reclamações sobre a Política e políticos, a maioria delas num tom de lamento, de tristeza pela causa perdida, acompanhadas por frases repetidas do tipo "tenho nojo da política" ou "não quero saber de política" ou então, a mais generalizada de todas, "todos os políticos são corruptos". A história pública da Política brasileira, e mais notadamente os fatos das últimas décadas, nos obrigam a repensar nossa resposta e atitude a estes lamentos. Fatos políticos como renúncia e *impeachment* de presidentes, a recente finda ditadura militar, com apoio de grandes camadas civis, a precarização dos serviços públicos, principalmente os que atendem a população mais necessitada, e o confisco de direitos trabalhistas, o ataque permanente, camuflado ou aberto, às instituições democráticas,

Veja mais sobre esse assunto na página 36.

o avanço de uma privatização apressada que aniquila o patrimônio público, a falta de ética e de cuidado com o uso do dinheiro e da máquina pública, entre outros, nos obrigam a ver a Política como um gênero de primeira necessidade.

Primeiríssima necessidade!!!!

É a atuação política de quem foi eleito que vem determinando perdas, perdas e mais perdas, impactando nossa vida. Precisaremos acompanhar – e um dos modos de acompanhamento é através do mandato dos parlamentares eleitos – o que o Executivo faz ou deixa de fazer, como gasta o dinheiro público, que é de todos nós, onde estabelece suas prioridades, cobrar as promessas de campanha expostas nos programas de governo. Negação da Política e lamentação não cabem mais. É preciso acompanhar, cobrar, participar em todos e por todos os canais existentes: no Legislativo, nos partidos, nas ruas, nas redes sociais sérias e confiáveis, pelo Ministério Público e pelo voto, quando as eleições chegarem. Não podemos mais ver o desmonte do Estado e a precarização dos serviços públicos em nome de uma privatização sem vergonha na cara que tira dos mais pobres e enriquece os mais ricos, sempre na mesma toada, nem ver o uso dos cargos políticos, que deveriam representar a vontade e a necessidade da maioria, e do uso do orçamento em benefício próprio ou de seu grupo político.

Veja mais sobre esse assunto na página 116.

Essas atuações políticas de baixa qualidade estão presentes no modo de implementar o dinheiro do orçamento público anual. É no uso do dinheiro orçamentário que as políticas públicas se concretizam ou não. É constante o tira daqui e põe ali, o remanejamento do patrimônio público para a privatização, a amputação cotidiana dos serviços públicos.

Enfim... como poetizaram divina e maravilhosamente antigos compositores baianos, e talvez por isso muito atuais, "é preciso estar atento e forte". A Política foi e continua sendo gênero de primeiríssima necessidade, pois é ela que determina, em primeira e última instâncias, o atendimento ou não de nossas urgências sociais e a qualidade social de nossa vida. É a Política que faz nossa vida ser assim ou assado. E são nossas respostas que permitem ou não que a vida seja desse modo ou daquele outro. História no caminho da lucidez e a Política nas mãos para enfrentarmos essa farinha política de baixa qualidade do mesmo saco de sempre que nos assola e trazer a Política para o cotidiano, consciente e fortalecida.

Olho aberto e boca no trombone.

O encontro da Ética e da Moral na Política

Política e Ética são como irmãs siamesas: nasceram grudadas, como a cara e a coroa de uma mesma moeda. Não se faz Política sem Ética, como não se faz um edifício sem o alicerce, sem a base. Então, se a Ética é tão importante no exercício da Política, o que devemos entender por Ética?

Ética é uma área do conhecimento humano que se encaixa nos ramos da Filosofia e é, sobretudo, uma disciplina de reflexão. No dicionário, a Ética é definida como um substantivo feminino que significa o *"Estudo dos juízos de apreciação referentes à conduta humana suscetível de qualificação do ponto de vista do bem e do mal, seja relativamente a determinada sociedade, seja de modo absoluto."* Tentarei traduzir este conceito do dicionário para uma significação mais palatável... Ética é um conjunto de princípios e valores (os tais juízos de apreciação) que orientam o comportamento humano, as relações pessoais na sociedade, qualificando essa conduta com os conceitos universais do bem e do mal. A Ética deve ser universal: seus princípios devem valer para todos os povos e orientam a reflexão na direção do bem comum. Os princípios éticos devem valer para todas as pessoas e para sempre. A Ética é formulada por valores que nem sempre são evidentes, que valem por si próprios e os quais não precisamos fazer nenhum esforço para entender e defender, tamanha a sua evidência e importância. Por exemplo, o valor da vida. Não é preciso ser filósofo, nem político, nem religioso, nem sábio, para entender que a vida é o bem maior de todos nós. Daí decorre que matar será sempre uma atitude condenada pela Ética. Você deve estar se perguntando: "Mas e a guerra?". Bem, estamos falando de situações de equilíbrio social. A guerra é uma exceção nas relações humanas. Se houvesse permissão para a guerra, o canibalismo, o genocídio sustentado pelo preconceito e outras formas de assassinatos, a sociedade não sobreviveria diante desse caos, dessa barbárie.

A palavra "ética" vem do grego *ethos*, que significa "costume". Costume é a forma cotidiana de se comportar. Por isso Ética tem a ver com comportamento, com atitude diante da vida. É também por isso que podemos pensar na ética como a moradia humana, o lugar onde se mora. Cada um de nós tem uma moradia e ocupa parte do tempo em melhorar essa moradia. Como se cada um de nós quisesse morar no melhor lugar do mundo, onde o bem-estar e a qualidade de vida estivessem presentes.

Ética é isso: nossa postura diante da vida, os valores que garantem o bem-estar das pessoas, os valores que nos fazem mais humanos. É o estudo da Ética que nos faz aprender sobre os valores que nos levam a compreender melhor quem somos, nossas relações com os outros e com o ambiente, tendo sempre à vista o bem-estar comum.

É a Ética que nos leva a defender a vida, a entender e respeitar as diferenças, nos permite saber que ao nascer temos direitos universais. É a Ética que nos põe em diálogo constante para buscar entendimento entre pessoas, entre povos, entre grupos étnicos. Sem a reflexão ética, provavelmente a humanidade já não existiria mais, pois teria se autodestruído.

Ética e Moral

Ética e Moral quase sempre são confundidos, como se fossem sinônimos, mas não são a mesma coisa, embora ambas tenham o mesmo significado original de "costumes". A Moral é mais particular e representa os valores, as regras, o modo comportamental de um grupo humano dentro da humanidade toda. Por exemplo: os jovens de determinada religião podem não assistir a programas de televisão por entenderem que isso faz mal ao caráter deles. É um modo particular de se comportar, que eles acham válidos e assumem. Isso faz parte da moral deles. Outro exemplo: um grupo de políticos, de determinado partido, acha correto arrumar bons empregos públicos, sem concursos e com ótimos salários, para seus parentes. Enquanto a maioria não acha isso correto, na moral deles isso é válido e se comportam assim. Ou então: pessoas muito ricas se acham superiores às outras e se comportam no trânsito, com seus veículos importados e caríssimos, como se fossem os donos das ruas, avenidas e vias. Ou os supremacistas brancos, que pensam fazer parte de uma raça superior...

A esta altura, você deve estar se perguntando: a moral de um grupo dá direito às pessoas de se comportarem como prega essa moral, mesmo que seja ruim para as outras pessoas? Um grupo particular e pequeno tem direito de se comportar como prega a sua moral?

Pois bem... é aí que entra a Ética e se estabelece a diferença com a Moral. A Ética aparece aqui como a reflexão que devemos fazer sobre o comportamento da Moral. É como se a Ética fosse um juiz e pudesse julgar a Moral dos grupos, condenando ou absolvendo, sempre pensando que uma Moral tem que ser boa não só para um grupo, mas para todos os humanos. Essa reflexão, esse pensamento com crítica, faz com que a Moral de um grupo possa ser mudada ou até extinta. Se a Moral que determina um comportamento é boa só para um grupo e prejudicial aos outros, essa Moral não é ética. Tem que ser mudada, aperfeiçoada ou extinta. Não sem razão, não podemos concordar com uma moral política que aceite condutas tais como "rouba mas faz", "é dando que se recebe", "tudo acaba em *pizza*", "vamos todos morrer mesmo" ou "para os meus amigos, tudo, e para os outros, a lei".

Ética e Política

A relação da Ética com a Política se dá no sentido de que os políticos são eleitos, nas condições normais e de sociedade equilibrada, para buscar o bem-estar comum, a melhoria da qualidade de vida dos cidadãos. Política sem Ética não é aceitável de modo algum. Assim, se um político é eleito e no exercício do seu mandato mente, engana, rouba, alicia, promete e não cumpre, é notório que sua atuação é rigorosamente antiética. A história oficial do nosso país tem nos mostrado que infelizmente isso vem acontecendo aos borbotões e que algumas vezes conseguimos tirar o mandato de políticos imersos na sujeira da podridão e da corrupção.

Desse modo, é a Ética que nos faz pensar, politicamente, em uma humanidade que lute coletivamente por princípios e valores como "justiça social, igualdade entre os homens, vida digna para todos, respeito à vida, respeito aos direitos universais, cidadania e bem-estar comum nas cidades e nas nossas moradias, solidariedade entre os humanos, cultura da paz contra a violência, entre outros".

E aí é bom lembrar de um detalhe, uma coisinha quase esquecida e pequenina, mas de importância fundamental, chamada DEVER. O dever é o irmão siamês do DIREITO. Estão sempre juntos, grudados, um tem dificuldade de viver sem o outro. Se temos direitos, é porque os outros têm deveres. Por outro lado, são os nossos deveres que garantem os direitos dos outros. Aqui, a Ética aparece outra vez: para nos lembrar que a garantia dos direitos só pode acontecer se cumprimos nossos deveres. O dever é algo que sempre devemos aos outros. É como se fosse uma dívida eterna que nunca acabamos de pagar. Enquanto estivermos vivos, devemos deveres às outras pessoas. E quanto mais deveres pagamos, mais teremos crédito em direitos. Parece um jogo de palavras, mas não é: o respeito aos direitos está na mesma proporção do cumprimento dos deveres.

E você pode apostar numa coisa: é muito bom sentir a satisfação do dever cumprido, tanto quanto sentir o prazer de ter o direito respeitado.

É possível ser "apolítico"?

Eis aí uma pergunta crucial: é possível ser "apolítico", alienado e distante das questões políticas cotidianas? Sim, não e em parte são as respostas possíveis. Sigamos com algumas reflexões.

Tudo é possível nesta vida. Ou, como referendou Karl Marx, a partir de pensamento original do autor romano de comédias Terêncio, que viveu no século II antes de Cristo: "nada do que é humano me é estranho". Ao afirmar isso, provavelmente estaria referendando sua aposta na fraternidade e humanidade coletivas. Na linguagem popular, no bom senso do povo, "estamos todos no mesmo barco". O ser humano, morador de uma cidade, habitante de um país, vivente em uma sociedade, pode ser "apolítico"? Antes de discutirmos essa estranheza, vejamos o significado da palavra: "apolítico" é formada pelo prefixo "a" (que significa "negação ou ausência") e pelo adjetivo "político" (que significa o cidadão que mora e vive em uma cidade/pólis), ou seja, "apolítico" significaria uma pretensa vida desvinculada da Política. É muito difícil imaginar a possibilidade de uma vida isenta de Política, distante de suas consequências. Todas as vivências de uma pessoa em uma sociedade sofrem a ação de uma ação ou decisão política. Podemos ser menos ou mais afetados por uma ou outra decisão política, mas é impossível viver em uma sociedade sem ser envolvido pelas decisões de quem está no poder. De pronunciamentos preconceituosos de chefes de Estado a manobras políticas para esconder o uso mal-intencionado do dinheiro público, passando por coisas simples, como escolher o modo como você vai à escola, ao trabalho ou à casa do amigo, até coisas mais complexas, como escolher o melhor candidato a prefeito de sua cidade ou prestar o vestibular e disputar uma concorrida vaga em uma universidade pública – já que ter poucas vagas em universidades públicas também é decisão política –, tudo afeta a vida dos cidadãos. Nesse sentido, a todo momento, estamos sendo pacientes de alguma decisão política, querendo ou não, conscientes ou não. E, por isso, é quase impossível negar a Política na vida de qualquer cidadão.

> **" Podemos ser menos ou mais afetados por uma ou outra decisão política, mas é impossível viver em uma sociedade sem ser envolvido pelas decisões de quem está no poder. "**

Ao afirmar ser "apolítico", quem o fizer estará passando um atestado de ignorância, não reconhecendo e não tendo consciência do seu papel na vida da sociedade. Também estará passando um atestado de ingenuidade e de alienação (alienação no sentido de estar por fora, ficar de fora, ser um estrangeiro). A palavra alienado já foi mais frequente em nosso cotidiano, mas hoje anda sumida, coincidentemente em uma época em que menos importância damos à atuação política e mais sofremos suas consequências.

Ao afirmar ser "apolítico", talvez quem o faça esteja querendo manifestar o seu desencanto com a atuação política dos nossos políticos. O desencanto, embora possível, não faz de ninguém um ser "apolítico". Talvez queira "lavar as mãos", sair dessa coisa aparentemente suja que é a política. Isso também não convence, pois a Política é de todos nós, diz respeito a todos, não deve ser estranha a nenhum humano. Até porque sujeira se combate metendo as mãos e limpando o que há de sujo. Para isso, é necessário conhecimento e participação, nunca o afastamento, o isolamento ou a saída pela tangente.

Provavelmente em decorrência da visão pejorativa que assola a Política brasileira, visão construída em razão de nossa experiência, temos nos afastado desse tema, por entender, de forma equivocada, que a Política praticada no Brasil é assunto do qual devemos manter distância. Por isso que afirmações como "Tenho nojo de Política!", "Não suporto Política!" ou "Todos os políticos são corruptos!" estão presentes no nosso cotidiano, às quais, embora compreensíveis, não se pode dar crédito, pois é disso que os péssimos políticos se aproveitam e com isso "conquistam o poder, mantêm o poder conquistado e, tendo oportunidade, ampliam o seu poder". É por esta atitude, generalista e preconceituosa, que a maioria dos cidadãos se afasta da discussão política e deixa as decisões tomadas nas mãos dos chamados "picaretas", abundantes na Política brasileira. Nesse sentido, a Política é afastada da vida da maioria dos brasileiros, da escola inclusive, onde deveria figurar como assunto cotidiano, permeando as diferentes áreas temáticas. A construção da cidadania passa, certamente, pela Política, como já afirmamos anteriormente em outros textos. E, convenhamos, não há neutralidade nessa atitude. Ausentar-se da vida política, fugindo dessa responsabilidade social e fechando-se em uma suposta neutralidade, é o caminho dos sonhos dos políticos picaretas, dos corruptos, dos que pregam a ignorância e o negativismo e dos que compactuam com a exploração do povo. Só a esses é que fazem bem os analfabetos políticos. "O pior analfabeto é o analfabeto político", do dramaturgo alemão Bertolt Brecht, é uma das afirmações mais diretas sobre o assunto

Para finalizar, não se pode confundir o termo "politizar" com "partidarizar", pois são coisas diferentes. "Politizar" significa a forma de abrir o pensamento para as discussões pertinentes à Política, no sentido de que se trata das decisões tomadas sobre o destino dos cidadãos; "partidarizar" significa tratar as coisas da Política na visão de um partido político. Para dar apenas um exemplo, "politizar" seria promover um debate com os candidatos a vereador do seu bairro, na escola, na igreja, na associação dos amigos do bairro. "Partidarizar" seria a forma como cada candidato e o seu partido expõem o seu programa, a sua visão. Politizar tem um sentido amplo e partidarizar tem um sentido particular de cada partido político.

Em resumo, a cada um de nós cabe a responsabilidade pela construção da história da humanidade, construção que passa pelo desenvolvimento da cidadania política. Como lembra um pensamento árabe antigo: "aquele que não suporta a tensão do estudo, não provará o prazer do saber".

Alguém precisa fazer alguma coisa

Alguém tem que fazer alguma coisa!!!

Esta frase é uma das que mais ouvimos ou lemos, manifestação legítima de forte lamento diante de qualquer descalabro político (CPIs que não dão em nada, desvio de verbas, superfaturamentos, nepotismo, crimes ambientais, desacertos econômicos, posturas preconceituosas, tentativas de desmoralização das instituições democráticas etc.).

Veja mais sobre esse assunto na página 130.

Não há como discordar desse manifesto. Mas é preciso sobrepor a esta afirmação uma indagação: alguém quem? Eis a questão: ao falar ou escrever desse modo, ficamos com a impressão que o(a) autor(a) da exclamação está terceirizando a responsabilidade de fazer alguma coisa. Algo como: alguém – que não eu – tem que fazer alguma coisa. Uma postura como a do comandante Pôncio Pilatos que, diante da condenação de Jesus Cristo a morrer crucificado, "lavou as mãos", isentando-se da responsabilidade. Ao afirmar que alguém tem que fazer alguma coisa, o que se está fazendo é lavar as mãos e transferir a responsabilidade para outrem.

Um dedo apressado, mas necessário, de História faz bem.

Ao longo das últimas décadas, principalmente dos tempos da ditadura até quase os dias de hoje, fomos sendo despolitizados, desacostumados a pensar a Política como uma atividade essencial e necessária na vida de todos nós. Os espaços públicos da Política foram sendo fechados. Falamos de Política como se ela fosse algo fora de nossa vida, que ocorre em outra dimensão que não a da vida cotidiana de cada um. Os sentimentos que acompanham a Política, os políticos e suas ações são, em sua maioria, negativos: medo, desânimo, desinteresse, nojo, desconfiança. Fomos levados a aprender a engolir esses sentimentos. Afinal, ficamos décadas sem poder falar ou discutir Política e com medo de posicionamentos críticos, distantes da aprendizagem e da vivência política cotidiana. Os grêmios estudantis foram abolidos das escolas, substituídos por insossos centros cívicos, o movimento estudantil, fonte de energia jovem, foi debelado, partidos políticos extintos e políticos críticos cassados, ação burocrática de uma censura burra e intolerante, movimentos sociais reduzidos, entre outros. Ao lado dessa ação de controle, censura e penalidades, a massificação feita na grande mídia funcionando como controle social pela via da inculcação ideológica, bombardeados que fomos por desinformações e falsidades históricas, como chamar de revolução o golpe militar, e pela veiculação massiva de *slogans* do tipo "Brasil: ame-o ou deixe-o". Como se amar um país significasse ter que renunciar à crítica, ao diálogo, à participação e às liberdades.

O estrago foi grande e pagamos caro por isso até hoje. O sumiço de jovens lideranças fora desse controle foi e é ainda visível. O desânimo diante de problemas e a justificativa malcheirosa de que "não adianta" ou o descrédito introjetado que "tudo acaba em *pizza*" são ainda fortes em nosso cotidiano. E a presença desse lamento, que terceiriza a responsabilidade política, é outro exemplo pungente desse custo. Nesse sentido, nem percebemos que "fazer alguma coisa" para mudar o que é ruim na Política também nos diz respeito e é de nossa inteira responsabilidade. Não dá pra lavar as mãos ou fechar os olhos, ou sonhar com algum messias fora de tom e de contexto que venha nos salvar. Esse não existe, ou quando aparece é falso, mentiroso e enganador. Não há tempo para terceirizar essa reponsabilidade, sob pena de nos enfraquecermos mas, e ficarmos sem forças para as medidas necessárias. Sendo assim, ao proclamar "alguém tem que fazer alguma coisa", é preciso que nos coloquemos dentro dessa afirmação, que nos saibamos sujeitos obrigatórios desse fazer. Cada um de nós está presente nesse "alguém". Não há como apenas terceirizar para outros. É claro que temos representantes eleitos para isso, que assumem esta responsabilidade. Poucos, é verdade, em muitas instâncias, nos parlamentos, nos sindicatos, nas associações, mas esta é a situação em que o "quanto mais, melhor" se aplica com exatidão. As instâncias representativas existentes não têm dado conta da demanda que, ainda bem, vem crescendo. Pois que assim seja: cada um de nós é um "alguém", um sujeito na/da história, com voz própria para "fazer alguma coisa". Podemos e devemos fazer alguma coisa, por pequena e insignificante que possa parecer, dando voz ao nosso sentimento de repulsa aos maus políticos e suas ações desprezíveis em redes sociais, em círculos de amigos e conhecidos, no ambiente de trabalho, nos sindicatos, nas esferas da Política, nos jornais, na Justiça, nos atos públicos e políticos, nas manifestações de rua, seja por palavras escritas, gritadas ou faladas, por charges, por abaixo-assinados, por cartas, por ações na Justiça, por carreatas, buzinaços e panelaços.

O que o mau político e o corrupto mais temem é a voz do povo e a pressão popular. E isto, sabemos, só vai acontecer quando o "alguém" embutido dentro de cada um sair e se juntar a outros "alguéns", formando o "nós". "Nós podemos e temos que fazer alguma coisa!!"

"Quem sabe faz a hora, não espera acontecer", cantou Geraldo Vandré, há mais de cinco décadas. O que parecia apenas versos de uma canção vencedora de festival, ganhou nossas mentes e corações, como um chamamento eterno para o exercício da cidadania ativa.

Movimentos na Política

Política, entre as atividades humanas, talvez seja a mais dinâmica de todas. Como uma onda, não para nunca. Tem múltiplas caras, tantos jeitos de se expressar e tempos diversos. E são muitas suas postagens, seu caminhar e seus resultados. Os movimentos políticos não se dão apenas no âmbito dos partidos e na atuação dos políticos nos cargos para os quais foram eleitos representantes. Movimentos políticos acontecem o tempo todo em múltiplas e variadas instâncias dentro da Política institucional (partidos políticos e exercício de cargos eleitos para o Parlamento e Executivo) e fora dela, em toda a sociedade civil, suas representações e organizações: clubes, igrejas, escolas, associações, sindicatos, conselhos, comissões, grupos de pessoas reunidas em torno de uma proposta, organizações não governamentais etc. Daí a impossibilidade de sermos "apolíticos", pois a Política está presente em toda a extensão da vida de cada um de nós. Sendo assim, podemos até ignorar os movimentos políticos, fechar os olhos e ouvidos a eles, mas é bom saber que suas propostas e o resultado do avanço dessas propostas trazem irremediavelmente consequências para todos. E não há como deter autoritariamente esses movimentos.

Em um regime democrático, em que as pessoas têm liberdade para se expressar e se organizar, liberdade garantida constitucionalmente, todos temos o direito de nos organizar em grupos próprios, com ideias e valores próprios, e/ou participar de outros grupos já organizados. A democracia agasalha estes movimentos e lhes confere e garante o direito e espaço de organização e expressão. Evidentemente, cada movimento nasce com sua força própria, força essa que nem sempre está sustentada na justeza social de suas propostas/valores/ ideias: dependendo de sua origem, alguns já nascem com grande sustentação financeira, o que lhes dá fôlego para se apresentar e ocupar rapidamente espaços na sociedade, principalmente na mídia. Estes são grupos mais conservadores organizados a partir do envolvimento da classe dominante, dos donos do poder econômico, dos que não querem avanços sociais democráticos, dos gerentes da grande mídia e, por isso, surgem no panorama político com força e espaço. Há outros grupos, de natureza progressista, que, sem recursos econômicos abastados, buscam apoio financeiro pelas redes sociais ou pela mídia: movimentos em defesa do ambiente, de atuação pela saúde de povos fragilizados ou contra o assédio sexual que importuna muitas mulheres, para citar apenas alguns.

O espaço público é a arena do debate onde as ideias de um lado e de outro serão confrontadas. A força é o argumento das ideias, sob a perspectiva do bem-estar da maioria, do avanço da convivência solidária e da manutenção das instâncias que sustentam a democracia. Em uma sociedade democrática, por mais absurdo ou estúpido que possa parecer, temos que conviver e lutar contra, inequivocamente, os movimentos que pregam o retrocesso, o preconceito, o autoritarismo, a ignorância do saber e da ciência. E esses movimentos, representantes do retrocesso, atuam por outros mecanismos, também eficientes, por exemplo, pressionar os políticos com cargos no Executivo e no Legislativo para legislarem e atuarem em seu benefício. Essa luta pelo domínio das ideias e dos costumes – e dos orçamentos – faz parte do jogo democrático, daí que a eterna vigilância é extremamente necessária. Como se diz popularmente – a incrível sabedoria que existe no senso comum –, "um olho no gato e outro olho no peixe" ou "dormir com um olho fechado e o outro aberto". Para exemplificar um pouco estas anotações, visitemos uma cena da educação brasileira, em meio à recente pandemia e à disputa do orçamento da área, e lá encontraremos um movimento de parte da classe dominante, bancado pelo poderoso *lobby* da escola privada e seus investidores, que prega a volta (inconsequente) das

> *Lobby* pode ser definido como a atividade política (democrática) exercida por uma pessoa com a finalidade de influenciar o poder público para tomar medidas ou decisões nesta ou naquela direção, seja na aprovação de projetos de lei, seja na aplicação do dinheiro do orçamento. Por aqui, quase sempre essa atividade é vista como suja, vinculada à corrupção, à ilicitude e ao toma-lá-dá-cá, principalmente na relação do privado com o público.
>
> *Advocacy*, por seu lado, é uma prática política ativa de cidadania. A palavra tem origem no verbo "*to advocate*", algo como "falar por". No entanto, o significado autêntico da palavra vem do latim "*advocare*", próximo do sentido de ajudar. É prática mais alinhada com a cidadania ativa e se caracteriza pela defesa, por pessoas físicas ou grupos organizados, de causas e/ou direitos, com o claro objetivo de chamar a atenção de todos para uma determinada causa e torná-la presente nas políticas públicas, gerando os benefícios almejados.

aulas presenciais, representado no Parlamento por legisladores que desconhecem o complexo cotidiano da escola pública. Na disputa: de um lado, os defensores da educação privada como investimento possível de lucro e pouco se importando com a vida dos que transitam no espaço, quase sempre desprezado pelos governos, da escola pública; de outro lado, os defensores da vida, da necessidade de manutenção do isolamento social. Este é apenas um dos muitos cenários em que a disputa ideológica – que culmina no domínio do orçamento público – se apresenta. E a História, ainda recente em nossa memória, registra o alucinante número de brasileiros mortos na pandemia sob uma ação política irresponsável.

É assim que a Política se movimenta. Não há como nem por que ficar de fora do movimento político desses movimentos políticos. A redundância é necessária e proposital. Se não entrarmos no jogo do movimento, a onda nos leva e somos passageiros sem colete salva-vidas em mar agitado. O ditado popular "Futebol, Política e Religião não se discutem" já não tem tanta segurança. Futebol, por ser paixão, pode ainda respirar sossegado, mas Política e Religião podem e devem ser discutidas.

Temos que nos engajar, pois há muito o que aprender, conhecer, entender e... atuar.

O jogo político, o xadrez e a Caixa de Pandora

O jogo político, comparação frequentemente feita, pode ser comparado ao jogo de xadrez? Pode, embora o jogo político seja muito mais, muito mais mesmo, complexo do que o jogo do tabuleiro lúdico. As milhares de peças postas em jogo (os atores), as variantes contextuais e suas infinitas possibilidades de "mexidas" no tabuleiro político, além da possibilidade de sempre poder voltar para trás no tempo, fazem do jogo político algo extremamente dinâmico, cotidiano e com reflexos na vida de todos os cidadãos.

Por outro lado, costuma-se comparar o jogo político ao mito grego da Caixa de Pandora – mito que narra a chegada da primeira mulher, enviada à Terra pelo deus Hefesto, a mando de Zeus, o todo-poderoso, para se vingar da humanidade. Pandora trouxe consigo uma caixa. Ao abrir a caixa, Pandora deixa sair muitos males e desgraças da humanidade, mas ao fechá-la rapidamente consegue preservar a esperança, não na razão de sua criação, mas nas consequências da abertura da caixa.

Caberia uma comparação do jogo político com a abertura da Caixa de Pandora? Teriam sido libertados todos os males supostamente encontrados na Política com a abertura da caixa? Seria o exercício da Política, em nosso país, nada mais do que a vivência de muitos dos males liberados por uma suposta Caixa de Pandora política?

Podemos também refletir sobre isto e apontar duas premissas:

1) o jogo político é complexo e
2) o jogo só fica completo com a participação de todos os atores.

Refletindo sobre a primeira premissa, temos a apontar que há muitos interesses no jogo: dos políticos, dos partidos, dos três poderes, das igrejas, dos sindicatos, dos trabalhadores, das associações, das mídias, das corporações, ONGs e dos cidadãos todos. E quando há muitos interesses em jogo, a disputa é intensa e favorece quase sempre os que têm maior poder de mando e decisão, nesse caso representado prioritariamente pelos políticos detentores de cargos nos poderes (entendemos que o Poder Judiciário também joga o jogo político ao tomar decisões).

Quando a participação nas decisões que afetam a todos é restrita, evidentemente a decisão favorece o lado mais forte na disputa.

- Você já se perguntou por que os bancos nunca perdem e que seus maiores lucros acontecem justamente em épocas de crise?
- Você já se perguntou por que os programas de refinanciamento de dívidas com os entes federativos são sempre oferecidos às grandes empresas, que quase nunca pagam impostos, à espera do perdão da dívida e dos juros?
- Você já se perguntou por que o agronegócio é altamente lucrativo e por que os trabalhadores desse megaempreendimento (que, entre outras coisas, devasta o meio ambiente, usa agrotóxicos proibidos nos países de origem e é aquinhoado por taxas baixíssimas de juro nos empréstimos de dinheiro) ficam sempre com a parte mais cruel, que é a legislação trabalhista?
- Você já se perguntou a quem interessa o desmonte do serviço público e a privatização do patrimônio nacional, muitas vezes "a preço de banana"?
- Você já se perguntou por que paga tantos impostos e as grandes empresas, nacionais ou estrangeiras, vivem recebendo concessões e abrandamento de impostos?
- Você já se perguntou a quem interessa todo o favorecimento legal para o crescimento das indústrias de armas?

Pode ser que as respostas para estas e outras centenas (sem exagero) de perguntas levem ao desencanto com a Política, como se o jogo político fosse a própria Caixa de Pandora.

Muitos cidadãos, sem o entendimento da necessidade de compreensão melhor desse jogo, se afastam atrás da ignorância política ao se declararem "apolíticos", como se isso fosse possível. Do jogo político, entre tantos outros, fazem parte a troca de favores; a manutenção dos poderes (a Federação de Partidos, aprovada em 2021, é o tipo de mudança que não muda a essência, mas pensa primeiro em manutenção de privilégios); a criação de leis que beneficiam os mais próximos do poder; a superação da ideologia de olho nos privilégios e as conversas para a governabilidade; os discursos políticos; o alinhamento das grandes empresas de mídia (que certamente não são neutras em seus discursos); o discurso político da igreja, alguns falsamente religiosos, subliminar ou escancarados, alinhando-se a esta ou aquela tendência política; os gabinetes do ódio, em seu exercício cotidiano de espalhar negacionismos e preconceitos, entre outras mentiras;

Veja mais sobre esse assunto na página 73.

as grandes federações, entre elas a federação dos bancos; os sindicatos e respectivas confederações com capacidade de mobilizar políticos e trabalhadores na defesa deste ou daquele interesse; o discurso intelectual e científico das universidades e pesquisadores; a ação dos agentes culturais; a conversa cotidiana nas escolas entre profissionais da educação e estudantes (apesar do cerco que se faz à escola para que esta fique à margem da conversa política)...

A segunda premissa não é tão complexa, mas é, certamente, muito difícil: o jogo político só fica completo com a participação de todos.

Isto é possível? De certa forma, isto já acontece, ainda que de maneira pouco substantiva e menos intensa. As decisões políticas afetam a todos nós, e cada um reage de um jeito, criticando, comentando, perguntando, dando opinião, cobrando o político em quem votou etc. As redes sociais, quando sérias, são um exemplo dessa participação. O que defendemos é que a participação deva ocorrer em um grau mais próximo, mais decisivo, mais objetivo: nas escolas, organizando grupos de estudos políticos e debates; nos sindicatos, lutando por direitos para os trabalhadores; nas redes sociais, expondo seriamente e com fundamento as opiniões; nos partidos políticos, militando por seriedade e respeito ao dinheiro público; nas campanhas políticas eleitorais, defendendo o voto consciente e a pesquisa da história e do currículo dos candidatos; em debates; em associações; em abaixo-assinados; em organização de grupos operativos de luta por objetivos locais, entre outros. E, sobretudo, paralelamente, constituindo-se como leitor, no sentido freiriano, "leitor do mundo e da palavra", superando o senso comum e construindo um nível de repertório político que permita entender, discutir, opinar e participar – que só o conhecimento permite.

Nesse jogo, em que se misturam regras, em que o xeque-mate só derruba o mais poderoso com participação popular intensa, e em que a esperança tem que sair da caixa de Pandora e se vestir de lances bem jogados, é preciso estar atento e forte e participante!

No mapa dos rótulos ideológicos: esquerda, direita e... centro

O campo é minado. Há uma gama muito grande de significações para cada um desses conceitos. Há também, por conveniência, quem negue essa rotulação. No entanto, toda mídia, pequena ou grande, usa com frequência esses termos, com a naturalidade com que se usa palavras inseridas na cotidianidade. Mesmo sendo campo minado, arriscarei transitar nesse terreno.

Os termos "esquerda" e "direita" pertencem à categoria gramatical conhecida como adjetivo. Ou seja: são nomes que atribuem qualidades aos seres e objetos. Nesse sentido, qualificar uma pessoa, uma ação ou um partido político de esquerda ou de direita é atribuir-lhes qualidades.

Esses termos, dentro das ações políticas, uma vez que fora delas têm outros significados, foram criados há muito tempo, mais exatamente na época da Revolução Francesa, nas proximidades do finalzinho do século XVIII. A França vinha imersa em uma grande crise econômica e precisava de reformas urgentes. Para isso, o Rei Luís XVI convocou uma Assembleia Nacional Constituinte, com a finalidade de votar medidas duras e necessárias. Como seria de se esperar, em todo cenário político, o jogo de interesses de grupos entra em cena buscando

prevalecer sobre o interesse coletivo. Nesse sentido, os eleitos foram se agrupando por interesses que representavam e ocupando lugares próximos no plenário onde ocorreriam as votações. Do lado direito do plenário ficaram os representantes do funcionalismo real, da nobreza, do clero e dos grandes proprietários de terra. Ou seja, à direita do plenário agrupavam-se os políticos conservadores, os que não queriam mudar nada para não perder os seus privilégios. À esquerda estavam a classe média baixa, a massa camponesa e os políticos que queriam reformas, acabar com privilégios de poucos, e atender às demandas das classes menos favorecidas. Pois bem, é a partir dessa história que a História foi construindo os conceitos de esquerda e direita.

Daquela data até hoje, muita água passou debaixo da ponte e muita coisa mudou. Entre a esquerda e a direita há posições difíceis de serem identificadas. Além disso, nos dias bem atuais, partidos de esquerda, muitas vezes, ao assumirem o poder, praticam uma política de direita ou se aliam, por interesse, ou em nome da governança, a políticos de direita, que antes eram inimigos ferrenhos. O inverso é também verdadeiro. A extensa massa partidária brasileira, mais de trinta partidos registrados, ajuda ainda mais a confundir esse quadro. *Slogans*, discursos e programas de governo de quase todos os partidos misturam conceitos. Basta estar atento: da esquerda à direita, por exemplo, todos os que pleiteiam governos colocam a Educação como prioridade, embora não o façam na prática.

No entanto, ainda é possível atribuir um ideário às pessoas que se postam mais à esquerda, como aquelas que prezam os direitos humanos, o coletivo, a solidariedade, a fraternidade, lutam por reformas mais amplas, como a reforma agrária, distribuição de renda, taxação das grandes fortunas, por mais verbas para a saúde e a educação, posicionam-se contra políticas preconceituosas e elitistas, são favoráveis às políticas de assistência aos mais pobres, pela inclusão social, entre outras causas. Politicamente, as pessoas de esquerda, progressistas, se veem nos partidos de esquerda, partidos considerados comunistas ou socialistas. Olham o mundo por este foco, com esta visão: somos todos iguais, temos o mesmo direito a toda riqueza produzida ou encontrada na natureza e, sobretudo, sonham com e lutam por um mundo socialmente mais justo. Ser de esquerda é ter consciência de que se pode mudar o mundo pela Política.

No ideário da direita, cabem as pessoas que prezam a liberdade individual, a meritocracia, a propriedade privada, a privatização de empresas e serviços públicos, liberdade econômica, com liberdade do fluxo do capital estrangeiro entre nós, privatização da educação e da saúde por megaempresas. Pregam um Estado mínimo, enxuto, de pouco ou nenhum alcance para as questões sociais e coletivas. Alinham-se com os partidos defensores do liberalismo. E olham o mundo por este foco, com esta visão: somos livres, diferentes e cada qual tem, independentemente do seu contexto, origem e classe, que correr atrás do seu sucesso. São práticos e pragmáticos e, de modo geral, avessos a mudanças e transformações. Pregam que o mundo é injusto porque diferenças individuais e de etnias determinam. Base de um pensamento ideológico que sustenta vários preconceitos. Ser de direita é ser cético quanto às mudanças na estratificação social e ver a Política apenas como um modo de manter a sociedade como é e de se beneficiar em proveito próprio.

> Veja mais sobre esse assunto na página 100.

E, entre ambas as categorias, cabe o ideário escorregadio das pessoas de centro, estas mais difíceis de serem caracterizadas, uma vez que tentam conciliar as posições antagônicas da esquerda e da direita. Costumam "ficar em cima do muro", sem se definir e esperando oportunidades, de um lado ou de outro, para efetuar pequenas reformas e ajustes. O muro parece ser seu lugar de origem mais apropriado e seu porto seguro. Talvez, em decorrência desse posicionamento no centro do espectro ideológico, os partidos cujos políticos votam de forma prática, em nome de seus interesses particulares, sempre conciliados com os interesses do governo de plantão, tenham sido agrupados no bloco suprapartidário conhecido pejorativamente como Centrão.

Duas observações finais. Primeira: há um modo prático de se observar os comportamentos de esquerda e de direita, pela comparação do discurso com as atitudes. Geralmente, o discurso está em um lugar e a prática está em outro. Os gabinetes de ódio falam por si só e deixam bem claro de que lado estão, por exemplo. Os movimentos sociais, como o feminismo, a luta contra o preconceito, movimento por terra e moradia também dizem claramente de que lado estão. A segunda: nem sempre é fácil identificar esses matizes ideológicos exatamente pelo trânsito disfarçado entre um e outro. Por isso, a necessidade de conhecer bem o histórico dos políticos e seus partidos. A ARENA, partido que apoiou todos os horrores da ditadura, virou PDS, que depois virou PFL, PP, Democratas... e hoje estão filiados em novas siglas (PATRIOTAS), escondendo seu passado de extrema-direita.

E você, leitor(a), de que lado está? Por qual óculos de leitura você lê o mundo? Só não vale dizer que é apolítico...

Impeachment, Cassação e Renúncia de mandatos

Os movimentos da Política são sempre muito dinâmicos. Nada em Política é definitivo ou para sempre. Nem mesmo os mandatos eletivos são garantidos. A pressão popular pela renúncia ou a ação jurídica e política podem interferir em mandatos eleitos e interromper o direito conquistado pelo voto. Ultimamente estes termos/conceitos voltaram a fazer parte de nossas conversas, mesmo que muitas vezes com muitas imprecisões.

Impeachment

Impeachment significa "impedimento" (mania de colonizado de usar termos na língua dos imperialistas). Como o próprio termo diz, significa o impedimento de um chefe do Executivo (Presidente, Governador e Ministros de Estado) de continuar no cargo. É um processo jurídico que acontece no âmbito do Legislativo. Se o presidente da Assembleia Legislativa Estadual, no âmbito estadual, ou o Presidente da Câmara Federal, no âmbito do governo federal, acata um pedido, que pode ser feito por qualquer cidadão, com base em um crime de responsabilidade, convincentemente comprovado, é aberto o processo de impedimento.

Processos de *impeachment* são abertos, geralmente, na esfera federal. Os dois últimos processos na recente história da democracia brasileira registram a interrupção do mandato de dois presidentes: Fernando Collor, em 1992, e Dilma Rousseff, em 2016.

Via de regra, no âmbito federal, o processo é o seguinte:

1º leitura da acusação em plenário na Câmara Federal;

2º uma comissão faz a análise do pedido e das provas;

3º ouve defesa e acusação;

4º emite parecer;

5º se favorável, com dois terços dos votos dos deputados, o pedido é encaminhado ao Senado Federal, recomendando o impedimento;

6º o Senado institui comissão para análise e aprofundamento, e após os trâmites regimentais (cada casa legislativa tem seus próprios trâmites, tais como andamento, tempo, comissões, pareceres, votação etc. definidos em seu regimento interno), o parecer é encaminhado para votação;

7º a votação é feita com a presença de maioria simples, ou seja, metade mais um dos(as) senadores(as), para que seja decidida a abertura ou não do processo;

8º aberto o processo, o(a) presidente é afastado(a) por 180 dias;

9º o Senado, nesse tempo de afastamento, por nova comissão constituída, aprofunda a análise e leva o parecer de se o(a) presidente deve ser julgado(a) ou não para ser votado, também por maioria simples;

10º aprovado o parecer, o(a) acusado(a) vai a julgamento final em sessão presidida pelo presidente do Supremo Tribunal Federal (STF);

11º o *impeachment* é decidido por maioria qualificada de dois terços dos(as) senadores(as);

12º se julgado(a) culpado(a), o mandato é interrompido e o(a) presidente fica inelegível por oito anos e perde o mandato. O vice assume. Se absolvido(a), retoma imediatamente as suas funções.

Impeachment de governador(a) segue processo semelhante e ocorre no âmbito de cada Assembleia Legislativa. Há exemplos recentes de governadores que perderam mandato por corrupção. Ministros e secretários de governo também podem sofrer processo de *impeachment*.

Prefeitos e prefeitas podem ser cassados, mas não há o processo de *impeachment* pela respectiva Câmara Municipal.

> No recente *impeachment* da presidente Dilma Rousseff, curiosamente ela não perdeu a condição de concorrer a outro cargo elegível, sendo essa uma decisão diferente do previsto legalmente, que muitos analistas políticos reputaram uma decisão envergonhada, como se a estivessem compensando por um golpe parlamentar. Coisas da Política. Para refletir.

Cassação

Cassação, no dicionário, significa anular ou tornar sem efeito alguma ação. Na Política é um ato político relativo ao Parlamento, com estas mesmas significações. Quem pode sofrer cassação são os parlamentares membros da Câmara Federal, das Assembleias Legislativas e Câmaras Municipais – senadores(as), deputados(as) federais e estaduais, e vereadores(as).

A cassação do mandato parlamentar se dá em razão de um crime cometido pelo(a) titular de natureza econômica, moral, institucional, crime civil, contábil etc. e significa basicamente

a) perda do mandato para o qual foi eleito: e
b) suspensão dos direitos políticos.

Na prática, o mandato é perdido de forma cabal, mas os direitos políticos (votar e ser votado) são suspensos por oito anos. O processo de cassação segue mais ou menos o mesmo processo de *impeachment*, com pequenas alterações em cada casa parlamentar, começando sempre pelo Conselho de Ética do respectivo Parlamento.

A maior distinção entre *impeachment* e cassação é que, no primeiro, o(a) ocupante do cargo é afastado(a) e, no segundo, o processo ocorre sem o afastamento do(a) acusado(a). O artigo 15 da Carta Magna trata do assunto. Regimentos Internos de cada casa legislativa também preveem essas prerrogativas.

Renúncia

Renúncia, na Política, significa abrir mão de modo voluntário, sem processos, de um cargo político ou mandato eleito pelo voto. As razões que levam a uma renúncia são muitas e a decisão é ou será sempre pessoal, embora saibamos todos que uma renúncia a um cargo duramente conquistado – e desejado por muitos – tem diversas naturezas subjacentes.

Via de regra, os políticos à beira de uma iminente cassação de seu mandato optam pela renúncia. Renunciando, escapam da perda do mandato por cassação e a consequente perda do direito à legibilidade.

Vale lembrar, para efeito de registro de memória, a renúncia mais famosa, por suas desastrosas consequências, que foi a do autocrata, com pendores absolutistas, Jânio Quadros, em 1961, pouco tempo depois de assumir a presidência, eleito por maioria significativa. Até hoje, uma renúncia emblemática, seguida pela posse conturbada e breve exercício de seu vice, João Goulart, em meio a um Parlamentarismo meia-boca, e pela cruel ditadura militar. Vale, aos interessados, mais leituras sobre o assunto.

Um último e breve comentário: de todos esses movimentos políticos fazem parte duas condições: a) são processos com intenso envolvimento dos eleitores, algumas vezes com manifestações de rua; e b) *impeachment* e cassação são processos de tramitação morosa. Há sempre a possibilidade de ampla defesa e movimentos políticos dentro dos respectivos parlamentos, que nem sempre são claros para os eleitores.

Emendas Parlamentares: algumas explicações necessárias

A divisão do poder político nas três esferas do Poder – Executivo, Legislativo e Judiciário, no regime democrático brasileiro, está explicitada na Constituição Federal de 1988. São harmoniosos e autônomos, embora interligados pelo que chamamos, a exemplo de outras democracias, de "freios e contrapesos". São estes mecanismos, nos quais falaremos mais adiante, constitucionalmente previstos, que freiam tentativas de um dos poderes de querer concentrar nele os demais poderes. Já nos referimos anteriormente aos traços autoritários do Poder Executivo brasileiro que ainda persistem nessa relação.

> Veja mais sobre esse assunto na página 109.

O Poder Legislativo é de extrema importância (ou deveria ser). Deveria exercer um certo quarto poder de moderação, embasado em duas de suas funções fundamentais: produzir a legislação que rege a vida dos cidadãos e fiscalizar o Executivo no cumprimento dessas leis, em especial da Constituição e da Lei Orçamentária Anual, certamente as duas mais importantes da nação. A Lei Orçamentária Anual, aprovada obrigatoriamente todo ano, nas respectivas casas legislativas (Câmaras Municipais, Assembleias Legislativas, Câmara dos Deputados e Senado Federal), é uma previsão das receitas (de onde virá o dinheiro a ser arrecadado) e das despesas (onde será gasto e investido). É, sobretudo, nesta lei que se agregam as emendas parlamentares.

O QUE SÃO EMENDAS PARLAMENTARES?

A palavra "emenda" é um substantivo feminino que significa o ato de corrigir, de acabar com defeitos ou sugestão de correções e alterações. No caso das emendas parlamentares, o significado é o mesmo: emendas são propostas de alteração de um projeto de lei ordinária ou complementar, ou de um projeto de emenda constitucional. Havemos de entender essa possibilidade legal como uma forma de participação dos parlamentares nos projetos de lei, o que em si é um dado interessante. Há quatro tipos de emendas:

a) individuais,
b) de bancadas,
c) de comissões e
d) de relator do projeto de lei orçamentária.

O regimento de cada casa parlamentar define quais emendas fazem parte do seu processo legislativo, podendo ser:

a) supressivas (alteração que propõe a retirada de parte significativa da proposta),
b) aditivas (proposta de alteração com acréscimo à proposição original),
c) modificativas (proposta de alteração que modifica a redação sem alterar a substância) e

d) aglutinativas (proposta de aglutinação de várias emendas em uma só, mais abrangente).

Estas emendas são atreladas à tramitação de proposituras legislativas dos parlamentares.

Há outro tipo de emendas conhecidas como emendas de orçamento, recebendo este nome porque são propostas durante a tramitação específica do projeto de lei orçamentária anual. Estas se subdividem em dois tipos: a) as ordinárias, sem limites, e b) as impositivas.

Para efeito administrativo, o Executivo é obrigado a acatar as impositivas e pagá-las, desde que correta e legalmente apresentadas. Cada parlamentar, das três casas legislativas, pode, por ocasião da tramitação do projeto de lei orçamentária, apresentar suas emendas impositivas, dentro de um limite orçamentário previamente estabelecido. Há ainda a possibilidade de apresentação de emendas feitas pelo relator do projeto de lei orçamentária, fato novíssimo na tramitação, cujo procedimento é obscuro e desconhecido até mesmo de outros parlamentares não contemplados por estas emendas, razão pela qual recebeu o apelido pejorativo de "orçamento secreto". Não há transparência na indicação de qual parlamentar foi agraciado com esta emenda, certamente porque há razões obscuras neste procedimento.

De modo geral podemos elencar alguns comentários sobre emendas parlamentares. Em primeiro lugar, é necessário realçar o caráter democrático e participativo que a apresentação de emendas sugere. Através de seus representantes, a sociedade pode se manifestar e propor emendas. Também há que se destacar que muitos municípios são beneficiados por emendas propostas por deputados federais ou estaduais, muitos dos quais não são alcançados por políticas públicas. Nesse sentido, as emendas parlamentares cumprem o papel de preencher um vazio de política pública. Em outra direção, há cuidados e críticas que merecem registro. Uma das críticas mais ferozes é a de que muitas dessas emendas recebidas pagam pedágio ao parlamentar autor, ou seja, o parlamentar proponente recebe, de alguma forma ilegal, uma porcentagem do valor total da emenda. Outra crítica é a falta de transparência nos critérios e na identificação dos beneficiados pelas emendas do relator. Pela opacidade da tramitação, é muito fácil concluir que se trata de uma operação chamada "compra de votos". Na prática, o parlamentar não identificado, agradecido pela emenda, que o be-

neficia em sua base eleitoral, vota com o gover-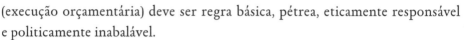
a seus projetos. Uma forma camuflada de cor-
desvio do tipo chamado crime de "colarinho
o qual não podemos concordar.

Por se tratar do dinheiro público, que pertence a todos, pois somos nós os contribuintes –
muitas vezes tributados de forma injusta e ex-
torsiva –, a transparência no seu uso e aplicação
(execução orçamentária) deve ser regra básica, pétrea, eticamente responsável
e politicamente inabalável.

Esta situação obriga cada um de nós, cidadão político, a acompanhar e
cobrar dos nossos representantes institucionais posturas condizentes com o rigor e a ética necessários no trato com a coisa pública, e não apenas esperar que o
Supremo Tribunal Federal se pronuncie, ou que o Tribunal de Contas da União
fiscalize as contas... Ou que alguém faça alguma coisa!!!

Somos todos responsáveis pelo desmascaramento dos políticos agasalha-
dos nas siglas que se alimentam dessa carniça política. Cada centavo mal usado
faz falta na qualidade do atendimento das demandas das áreas sociais, principalmente da educação e da saúde, entre outras faltas, da maioria dos brasileiros.

Cidadania: o que é?

Cidadania é uma das palavras mais faladas e escritas nos últimos tempos.
Talvez por esta razão sofra um desgaste tão comum ao uso frequente e pouco
criterioso. Afinal, o que é cidadania?

A palavra cidadania vem da língua latina, *civitatem*, que significa "cidade".
Dessa origem se pode depreender que no conceito de cidadania está presente o

sentido da coletividade, da vivência coletiva, do saber e aprender que, sobretudo, viver a cidadania é conviver, viver com outras pessoas. Por mais características individuais que cada um de nós tenha, para exibir-se ou guardar-se, é na coletividade que nos encontramos, nos diferenciamos e nos completamos. Cidadania pode ser entendida, portanto, embora caibam nesse conceito tantos outros significados, como a aprendizagem da sabedoria de viver – bem – em uma comunidade, uma aprendizagem se dá mediada pela relação entre a Sociedade Civil e o Estado. Evidentemente, quando sugerimos esta significação e colocamos o "viver bem", estamos falando e pensando no bem-estar comum. Numa dimensão não individualista, viver e estar bem só é possível se estamos vivendo bem coletivamente. Por isso, diante de um problema que é de todos, ou da maioria dos viventes de uma comunidade, nunca cabe a reclamação "ninguém vai fazer nada?", pelo simples argumento de que, se o problema é de todos, a solução passa também por todos. Cidadania é, portanto, a arte, a necessidade e o direito de se viver bem em comunidade. Cidadania diz respeito a todos e não apenas a alguns. Não há – ou não deveria haver – cidadãos de primeira, segunda ou terceira classe. Somos todos cidadãos, iguais em nossa humanidade.

Também precisamos considerar que este é um conceito histórico, construído ao longo dos anos, das décadas e dos séculos. Pode variar conforme a época, conforme a estrutura social, regime político e religioso. Tem muito a ver com o conceito de bem comum, este também um conceito que variou ao longo dos tempos.

A cidadania de que queremos e devemos falar, atualmente, vem desde os tempos em que se vem lutando pela igualdade, pela liberdade, pela fraternidade. Pelo reconhecimento de que somos todos iguais e todos temos, como humanos que somos, direitos. E aí podemos elencar uma lista enorme de direitos: direito de pensar, crer, amar e manifestar-se livremente; direito de ir e vir, com liberdade; direito de ser respeitado no seu modo de ser, sem humilhação, discriminação ou perseguição; direito à saúde, à educação, à escolha religiosa etc. São os direitos fundamentais da humanidade de cada um de nós, previstos mais detalhadamente na Declaração Universal dos Direitos Humanos,

> **" Não há – ou não deveria haver – cidadãos de primeira, segunda ou terceira classe. "**

Carta Magna de nossos direitos, proclamada em 1948, pela ONU, uma manifestação abertamente contrária aos horrores violentos, embrutecedores e negacionistas do nazismo. Historicamente esta declaração, hoje largamente conhecida e cotejada, coroou diversos movimentos e lutas históricas pelo respeito aos direitos humanos básicos nos últimos séculos.

Cidadania faz parte das garantias da democracia, ao mesmo tempo em que se nutre nesta. Seu sentido maior é viver e garantir o Estado Democrático de Direito, em que todos nós somos senhores de nossos direitos, podendo usufruí-los sem pedir a ninguém e sem medo de seu exercício. Por outro lado, exercer a cidadania impõe a cada um de nós, pressupostamente um cidadão ou uma cidadã, a obrigação de se rebelar contra toda e qualquer prática que ameace a dignidade humana, avilte a comunidade e nos faça sucumbir. Esta atitude cidadã pode e deve ser aprendida, praticada, vivida e ensinada: nas escolas, nas igrejas, nos partidos políticos, nas organizações não governamentais, nas associações diversas, nos conselhos participativos e, por incrível que possa parecer, também nas redes sociais. Cidadania não é dada, não se recebe por testamento e tampouco cai do céu, como prega o bom senso do povo: é construção e aprendizagem cotidiana. É consciência, busca e exigência pelo respeito aos direitos. A cidadania não existe sem o cidadão e sem a cidadã, pois são eles e elas que a praticam na vida coletiva.

> Estado Democrático de Direito é a forma de organização do poder de uma nação, estruturado na relação harmônica e autônoma dos três poderes, que governam em comum acordo com a Sociedade Civil, sob a égide da Constituição e em respeito aos direitos dos cidadãos.

Cidadania não se confunde com voluntariado e nem com caridade, ainda que esta e aquele possam estar por perto em momentos pontuais. Cidadania é a construção da solidariedade política humana: ou estamos todos bem ou não podemos estar bem individualmente.

Como vimos, o bicho não é tão feio assim. Se correr, o bicho alcança; se ficar o bicho se entrega. Nossa cidadania é reinventada cotidianamente, em movimentos políticos de compartilhamentos, pois se assim não for, não seremos nada mais do que cidadãos aos ventos.

Partidos Políticos

O Partido Político

Nas modernas sociedades democráticas, mais livres, o partido político é sem dúvida nenhuma o caminho mais curto e definido para se fazer Política. Por isso, vale a pena conhecer mais de perto um partido político, com uma pequena lente de aumento que nos permitirá saber detalhes neste e nos próximos textos seguintes.

A palavra "partido" origina-se do latim *pars*, que significa "parte". Daí que partido traz em sua significação principal "fazer parte" de algo maior. A palavra "partido", como tantas outras do nosso vocabulário, carrega significações diferentes. Podemos entender "partido" como o particípio passado do verbo partir, com o significado de alguém que partiu, que saiu de perto de nós e foi para outro lugar. Também podemos entender "partido" como o particípio/adjetivo do verbo partir, no sentido de dividir. Nesse caso, "partido" teria o sentido de dividido. Quase o oposto do outro significado, o que nos interessa aqui, "partido" tem o sentido de uma organização social, da qual pessoas "fazem parte". Em épocas anteriores predominava uma noção de que os partidos políticos eram responsáveis pela desunião da nação, pois fragmentavam as discussões, os pontos de vista, principalmente nos países em que predominavam regimes autoritários, onde a livre expressão é uma postura a ser combatida e rejeitada. Aos poucos, novos conceitos de Política e de Cidadania incorporaram a noção de que os partidos não são a causa da desunião de uma nação, pelo contrário, são pontos de vista diferentes e enriquecem a luta pelo poder com sua diversidade de opiniões e pontos de vista.

> "... organização social, da qual pessoas fazem parte."

A Política, sempre é bom lembrar, acontece em vários espaços, por diferentes atores e com diferentes ações. Nesse cenário, o partido político, alguns mais, outros menos, é a organização política mais eficiente, organizada, duradoura e objetiva para se fazer Política. Um partido político é uma fotografia autêntica do jeito de o homem viver em sociedade, organizando-se, juntando-se a outros em busca de atingir objetivos comuns, fortalecendo-se na união do grupo. Dessa forma, um partido político é uma organização social como tantas outras, formado por pessoas, com objetivos próprios, com estrutura de cargos e funções e com regulamento (estatuto), com recursos econômicos (fundo partidário) e sede (endereço) e filiados, a essência de sua existência.

Há muitas outras organizações das quais participamos ou podemos participar, umas maiores e outras menores. Quando você segue uma religião qualquer que seja a sua crença, você está aceitando e praticando um ritual/funcionamento dessa imensa organização social. Quando escolhe uma escola para continuar os seus estudos, certamente a escolha passou pelo conhecimento e aceitação dessa organização social: suas propostas, seu corpo docente, seu regimento interno (as regras de funcionamento), sua sede e o custo dessa escolha, seja ela pública ou privada. Assim por diante.

Um partido político tem a mesma dinâmica de outras organizações sociais. Difere de muitas delas por sua natureza, pelo teor de sua preocupação, que é a Política. Enquanto a maioria das organizações sociais nos apresenta de forma quase natural, como se viver nos obrigasse a passar por essas organizações, como pertencer a uma religião, estudar em uma escola, ter um trabalho, constituir uma família etc., ser membro de um partido político é rigorosamente uma escolha pessoal. Escolher um partido político é uma opção pessoal diferente da vivência nas outras organizações, pois essa escolha se dá num clima de total liberdade, num momento da vida em que já temos muitas informações sobre o mundo em que vivemos, sobre o nosso país e somos capazes de pensar e refletir antes de realizarmos uma escolha. Nada nem ninguém obriga uma pessoa a filiar-se a um partido político (ou pelo menos não poderia obrigar). Isso é muito bom.

> **"Nada nem ninguém obriga uma pessoa a filiar-se a um partido político"**

Um partido político é uma organização social, uma associação de cidadãos, que representa pontos de vista, ideais e interesses de determinados setores da população e que luta para conquistar o poder político (no município, no estado e no país). Os partidos políticos, atualmente, são importantes instrumentos para o fortalecimento da democracia representativa (regime de governo que é aberto à participação do povo pela representação). De modo geral, os partidos políticos têm a dupla função de representar o povo, por meio dos políticos eleitos para mandatos, e a função de governar um município, um estado ou o país. A rigor, os partidos políticos têm uma importância muito grande na construção da democracia, na estabilidade política de uma nação e na busca do bem-estar comum.

A qualidade política de um partido está visceralmente ligada à importância que damos a ele. Relegar partidos políticos à vala comum das instituições sem qualidade e de baixa importância é o pior que podemos fazer à vida de uma nação.

Partidos Políticos: criação e funções

Um partido político é uma organização social, como tantas outras, que representa visão de mundo, ideais e interesses de determinados setores da população e que luta para conquistar o poder político pela via eleitoral e exercê-lo concretamente nos municípios e estados e no país. Os partidos políticos são importantes instrumentos para o fortalecimento da democracia representativa e, principalmente, por esta razão, exercem o monopólio da representação institucional. Só se tem acesso, pelo menos até o momento, aos cargos políticos dos Poderes Executivos e Legislativos pela via eleitoral, através das candidaturas partidárias.

A Constituição Federal, nossa Carta Magna, condensação dos nossos direitos e deveres como cidadãos, estabelece, em seu artigo 17, regras para a criação e funcionamento de um partido político. O *caput* deste artigo prevê:

"É livre a criação, fusão, incorporação e extinção de partidos políticos, resguardados a soberania nacional, o regime democrático, o pluripartidarismo, os direitos fundamentais da pessoa humana e observados os seguintes preceitos" (seguem-se quatro incisos e parágrafos estabelecendo algumas orientações básicas).

A Lei Federal n. 9.096/95 versa também sobre a criação, organização e funcionamento dos partidos políticos. Complementarmente, a Resolução do Tribunal Superior Eleitoral 23.282/2010 e, mais recentemente, a Lei Orgânica 1/2018 também tratam da matéria. Aí estão centradas as regras básicas que garantem a existência dos partidos políticos. Observados os critérios e regramentos, a quantidade legal necessária de assinaturas de eleitores, o processo de criação do partido segue para o Tribunal Superior Eleitoral (TSE), que irá deferir ou não sua criação.

A rigor, os partidos políticos, em que pese contra eles uma enorme taxa de rejeição, têm uma importância fundamental na construção da democracia, na estabilidade política de uma nação e na busca do bem-estar comum. Diferentemente de regimes políticos de partido único ou bipartidarismo (como vivemos na época do regime ditatorial imposto pelo golpe militar com um Ato Institucional), ambos de natureza autoritária e antidemocrática.

De modo geral, os partidos políticos têm a **dupla função** de:

Veja mais sobre esse assunto na página 98.

a) representar o povo, por meio dos políticos eleitos para mandatos institucionais, e

b) governar um município, um estado ou o país.

Além dessas, podemos apontar como funções dos partidos políticos:

⇨ formar lideranças;

⇨ constituir canal de diálogo do povo com os integrantes dos Poderes Executivo e Legislativo;

⇨ acompanhar a atuação do Executivo e do Legislativo, apoiando, cobrando, denunciando, criticando ou propondo ações políticas;

⇨ manter permanente discussão sobre a vida política do país, dos estados ou dos municípios, fazendo uma discussão séria e profunda das ações dos governos e das necessidades da população, ajudando a formar a opinião pública;

⇨ ajudar no levantamento de interesses, necessidades e anseios da população, pela participação, transformando-os em sugestões de ação, programas de governo ou políticas públicas;

⇨ organizar-se de modo correto, conforme as leis do país, e servir de base para a formação da cidadania dos homens do povo;

⇨ formar pensadores que possam entender a Política nacional e prepará-los para assumir cargos nos governos, quando e se necessário;

⇨ preparar e selecionar candidatos bem formados para disputarem eleições e representarem a população;

⇨ prestar contas à sociedade e a seus filiados de sua atuação e de sua contabilidade, principalmente no que diz respeito ao uso do dinheiro público.

POLÍTICA: DECIFRA-ME OU TE DEVORO!

Como se vê, não é fácil a vida de um partido sério. Sua responsabilidade política e cidadã é grande. Os partidos influenciam as relações do povo com o governo, facilitando ou dificultando, apoiando ou criticando, concordando ou exigindo mudanças nas ações do governo. Constituem-se importantes canais entre a expressão da voz do povo e o ouvido dos governantes. Além disso, os bons partidos, com base em sua ideologia, levam as pessoas a refletir sobre a Política, sobre a atuação dos governos, sobre os rumos de uma sociedade.

Não há democracia sem pluralidade de partidos políticos. Ainda que discordemos de muitos partidos, de sua conduta e tibieza política, o que vale no pluripartidarismo é a expressão dos diversos valores e pensamentos sociais.

É mais interessante apostar na qualificação dos quadros políticos, depurando a atuação dos representantes partidários, do que na limitação dos partidos. E essa qualificação passa pelo envolvimento de todos nós, embasados necessariamente no estudo e no conhecimento.

Partidos Políticos: estrutura e funcionamento

Partidos políticos, como reforçamos nos textos anteriores, são associações de pessoas em torno de objetivos comuns, com a clara intenção de influenciar e direcionar as decisões que afetam a vida de todos pela ocupação do poder. Como todo agrupamento de pessoas, um partido político tem uma estrutura própria e regras de funcionamento.

A organização interna e funcionamento de cada partido variam muito de país para país e, no mesmo país, de partido para partido, desde que respeitadas as orientações gerais legais. Estão consolidadas em um regimento. Regimento nada mais é do que a expressão das regras de comportamento dos associados, filiados ou frequentadores e usuários de alguma associação. Escolas têm regimentos, condomínios têm regimentos (ou convenções), parlamentos têm regimentos, ONGs têm regimentos (ou estatutos) etc. De modo geral, cada partido é organizado em núcleos locais e diretórios municipais, com sua respectiva diretoria, seus setoriais e comissões, diretórios estaduais e um diretório nacional. As questões cotidianas, partidárias ou nacionais, são tratadas por todas essas instâncias em reuniões mensais ou conforme necessidade, com as decisões tomadas registradas e divulgadas para os membros do partido. Quando há necessidade de uma decisão nacional, as decisões regionais acatam a decisão do diretório nacional.

Uma das tarefas, entre as mais importantes, está a de escolher, por convenção, os seus candidatos para as eleições. A escolha para disputar os cargos de voto proporcional (vereadores, deputados e senadores) pode ser feita, e geralmente assim é, por aclamação. A escolha para os candidatos aos cargos majoritários (prefeito do município, governador do estado e presidente da República) é um pouco mais complicada e os possíveis candidatos de cada partido começam muito antes da decisão e da escolha interna uma espécie de "dança da iniciação", procurando se mostrar e se apresentar como a melhor alternativa. Quando não há consenso entre os dirigentes e filiados, o partido realiza as "prévias" para a escolha do seu candidato. Internamente quase sempre ocorre uma disputa entre os diversos candidatos a candidatura e, também quase sempre, há pequenos rachas nas fileiras partidárias por causa dessas disputas internas.

Quem faz parte de um partido político?

Esse é um dos aspectos interessantes para gastarmos meia dúzia de palavras. O relacionamento de um cidadão com um partido político pode ter vários vínculos.

O vínculo mais distante e menos fiel é o do **eleitor casual**, aquele que vota no partido, em uma determinada eleição, sem se prender ao mesmo partido em outras eleições. Votou e pronto.

O outro tipo de vínculo é o do **simpatizante**. É possível simpatizar-se com um partido e nele votar, ou prestar atenção aos pronunciamentos de seus líderes e ao seu desempenho nos cargos eletivos, por várias razões. O discurso ou artigo de um líder partidário, um professor que discute questões políticas, um amigo, os pais, o padre ou o pastor da igreja... todos esses "mentores, gurus ou lideranças" poderão levar qualquer um de nós a simpatizar-se com um partido. Entre os simpatizantes, há uma graduação da simpatia, da mais simples e quase casual até a simpatia mais fiel, quase a um passo da filiação partidária. Esses simpatizantes são bem próximos ao partido e chegam a participar de muitos dos seus eventos, atendem ao chamado político do partido e quase sempre são fiéis no voto.

O vínculo seguinte é o do *filiado*, o simpatizante que deu um passo adiante e assinou livremente uma ficha de filiação ao partido, mantendo uma postura de respeito maior às orientações do partido. Entre os filiados, os *militantes* são aqueles que dão parte do seu tempo útil ao funcionamento e à divulgação do partido, com o objetivo de ampliar o número de filiados e de votantes do partido. Entre os militantes, há uma graduação difícil de especificar, mas há os que vivem pelo partido e outros que acreditam lutar pelo partido, mas pensam que há outras coisas também importantes na vida política.

Outros dois vínculos com o partido são possíveis, estes de natureza mais funcional: os *funcionários* do partido e os *dirigentes*. Funcionários, muitas vezes nem precisam ser filiados. Um advogado especialista, por exemplo. Ou um consultor em mídia. Os dirigentes, esses os militantes mais dedicados e alocados em cargos da hierarquia dirigente, têm a responsabilidade de garantir o funcionamento do partido, de tomar a iniciativa para mantê-lo vivo e em funcionamento, agendar reuniões, encontros e eventos dentro do que propõe o regimento/estatuto do partido. Só para lembrar, muitos dos políticos postulantes ao cargo de presidente da República, e muitos eleitos, foram dirigentes partidários. Uma experiência deveras rica.

No início da década de 1980, quando saímos do bipartidarismo da ditadura, começamos a ver o nascimento de vários partidos, que tinham sua estrutura financeira bancada pela contribuição mensal dos filiados. Hoje, os fundos partidários praticamente garantem o financiamento das ações partidárias.

Quando o partido, após as eleições, elege seus filiados candidatos a cargos públicos, constituem-se as bancadas partidárias nos parlamentos. Essas bancadas, compostas pelos eleitos do partido, atuam como um bloco unido, posicionando-se, geralmente, através do líder da bancada, sobre os mais diversos assuntos. Há bancada da situação (que são do mesmo partido que está no governo ou partido coligado), bancada da

Veja mais sobre esse assunto na página 152.

oposição (que faz oposição sistemática ao governo de plantão) e a chamada bancada independente (que atua ora para um lado, ora para outro lado, via de regra observando mais os seus interesses do que o interesse do povo). Se elege o seu candidato para algum cargo majoritário (prefeito, governador ou presidente), assume o Poder Executivo, toma posse do poder, compõe sua base administrativa e, em tese, põe em prática seu programa de governo e políticas públicas.

Cargos do Executivo e dos senadores pertencem aos próprios eleitos. Os mandatos parlamentares pertencem ao partido, à sigla pela qual foi eleito. Nesse sentido, o parlamentar exerce o mandato em nome do partido, de tal forma que segue as orientações partidárias e deve ser fiel a essas orientações. O Tribunal Superior Eleitoral tem entendimento de que, por sermos um sistema representativo, o mandato pertence ao partido. Não é comum um parlamentar votar contra as definições de sua bancada e de sua liderança, principalmente quando o partido fecha questão e impõe o posicionamento e o voto. Apesar disso, não é raro encontrarmos parlamentar que vota contra esta ou aquela decisão de sua bancada. No limite, isto pode gerar até um processo interno para expulsão do parlamentar e perda de mandato – o que é raro. Há questões de menor interesse do partido, em que a atitude ou o voto não são fechados, e o parlamentar fica livre para escolher seu caminho. Isso, por exemplo, é muito comum em eleições de segundo turno, em que alguns partidos preferem não apoiar nenhum dos dois candidatos e liberam seus parlamentares e eleitores para o voto.

A troca de legenda (partido) é possível basicamente em duas situações:

1) quando o parlamentar argumenta com fatos que o partido tem votado contrariamente aos próprios princípios ou perseguido sua atuação e pede a saída do partido alegando justa causa; ou

2) quando a legislação abre as chamadas "janelas", em períodos curtos, geralmente antes de eleições, para acomodações partidárias, podendo os políticos com mandatos eletivos trocarem de legenda sem problemas.

Enfim, *grosso modo*, estas são as regras básicas de funcionamento dos partidos. Para conhecer bem sua dinâmica, a filiação partidária ajuda a entender melhor, demanda a participação e possibilita a intervenção. Partidos políticos são estruturados e postos em funcionamento por homens e mulheres, estes e estas, aqueles e aquelas, nós e tanta gente mais que assim o queira.

Fundos partidários: um poço sem fundo?

Fundos partidários são os recursos financeiros públicos que os partidos políticos, registrados na Justiça Eleitoral, têm para financiar suas despesas e as campanhas eleitorais de seus candidatos: o Fundo Especial de Financiamento de Campanha (FEFC), conhecido como Fundo Eleitoral, e o Fundo Especial de Assistência Financeira aos Partidos Políticos, conhecido como Fundo Partidário.

O Fundo Partidário, criado pela Lei n. 9.096, de 1995, foi durante muitos anos a única fonte de recursos públicos de que os partidos políticos dispunham para suas diversas despesas: pagamento de despesas com a manutenção da sede (contas de água, luz, aluguel etc.), com a contratação de contador e advogado, com o impulsionamento de publicações na internet, criação de uma fundação de natureza formativa, dentre outras. Os recursos do Fundo Partidário são oriundos de multas e penalidades aplicadas pela Justiça Eleitoral, com base no Código Eleitoral e outras leis eleitorais; doações de pessoas físicas, realizadas através de depósito bancário diretamente na conta do partido político aberta exclusivamente para receber os valores do Fundo Partidário; e dotação orçamentária da União, estimada e proposta na Lei Orçamentária Anual.

O valor destinado pela União através da dotação orçamentária não pode ser inferior ao número de eleitores inscritos em 31 de dezembro do ano anterior ao da proposta orçamentária, multiplicados por R$ 0,35 (trinta e cinco centavos de real) e distribuído em doze parcelas anuais, conforme regras estabelecidas na Emenda Constitucional 97/2017 e na lei citada anteriormente, da seguinte forma: 5% igualmente a todos os partidos que cumpriram os requisitos legais de acesso ao fundo e 95% proporcional ao número de votos obtidos por cada um dos partidos.

Os critérios para receber os recursos do Fundo Partidário foram estabelecidos na Emenda Constitucional 97/2017, com escalonamento de exigências – o que pode levar à diminuição de partidos com direito ao fundo. No entanto, vale lembrar que os movimentos políticos são dinâmicos e podem ser alterados a qualquer momento.

O Fundo Especial de Financiamento de Campanha, mais recente, foi criado em 2017, por meio da Lei n. 13.487/2017, alterando as leis n. 9.504/1997 e 9.096/1995. A intenção fundamental desse fundo foi tirar a contribuição privada de empresas, almejando com isso evitar eventuais "trocas" de favores, do tipo "eu te ajudo a se eleger e você me ajuda facilitando relações comerciais com o Executivo".

O Fundo Eleitoral é composto exclusivamente de dotações orçamentárias da União, dotado apenas em ano eleitoral, e deve ser aprovado orçamentariamente em lei própria. Os recursos provenientes do Fundo Eleitoral só podem ser gastos em campanhas eleitorais, portanto, em ano de eleições. Os valores não utilizados devem ser devolvidos, integralmente, ao Tesouro Nacional na prestação de contas da campanha eleitoral. A cota do Fundo Eleitoral de cada partido considera o número de representantes eleitos para a Câmara dos Deputados e para o Senado Federal na última eleição geral, bem como o número de senadores filiados ao partido que, na data do pleito, estavam nos primeiros quatro anos de mandato. É raro, mas eventualmente um partido pode abrir mão dessa verba. A legislação também estabelece que pelo menos 30% do valor total deve ser aplicado em campanhas femininas. Ou mais, se o percentual de candidaturas femininas for superior a esse percentual. Isto faz parte de um movimento bastante saudável de estimular candidaturas femininas, ainda que, aqui e ali, possam surgir denúncias de candidaturas "laranjas"

> "A legislação também estabelece que pelo menos 30% do valor total deve ser aplicado em campanhas femininas. Ou mais, se o percentual de candidaturas femininas for superior a esse percentual. Isto faz parte de um movimento bastante saudável de estimular candidaturas femininas"

e/ou candidaturas burocráticas apenas para cumprir a cota legal. Mais recentemente, surgiu um movimento no sentido de tornar obrigatória a divisão dos recursos proporcionalmente entre candidatos brancos e negros.

Resumidamente, as principais diferenças entre "Fundo Partidário" e "Fundo Eleitoral" são:

a) na fonte dos recursos públicos;

b) na periodicidade em que os valores são repassados;

c) na aplicação dos recursos.

O Fundo Partidário é composto por multas e penalidades aplicadas pela Justiça Eleitoral e dotação orçamentária da União (além, das doações de pessoas físicas); o Fundo Eleitoral é composto tão somente de dotação orçamentária da União. Quanto à periodicidade em que os valores são repassados aos partidos políticos, no Fundo Partidário o repasse ocorre anualmente e, no caso do Fundo Eleitoral, o repasse ocorre apenas em anos de eleição. E, finalmente, no que diz respeito à aplicação desses recursos pelos partidos, do Fundo Partidário podem ser utilizados recursos para financiamento de campanha, mas também para o custeio de outras despesas, como contas de água, luz, aluguel, prestação de serviços de contador e advogado, dentre outras; recursos do Fundo Eleitoral só podem ser utilizados para o financiamento de campanha eleitoral dos candidatos.

O acesso aos fundos de verbas públicas é um dos principais pontos de crítica aos partidos políticos e, muitas vezes, as reformas eleitorais são propostas e votadas pelos próprios interessados visando à manutenção dos privilégios, como a recente aprovação da Federação de Partidos. A falta de transparência no uso e na prestação de contas, mesmo internamente, é outro problema crítico do uso desses recursos públicos.

> Veja mais sobre esse assunto na página 152.

O que fica no ar, para discussões presentes e futuras, é:

a) como controlar melhor o uso de dinheiro e se é melhor limitar os valores; e

b) se o financiamento dos partidos deve ser público ou não.

De fora da Política e dos partidos, não há como entrar fundo nessa discussão. A participação na decisão dessas escolhas, por todos os meios possíveis, deve estar no horizonte. O fortalecimento da democracia está diretamente ligado ao fortalecimento dos partidos, e estes devem se submeter a critérios mais reais e transparentes, principalmente no que se refere ao uso de verbas públicas, para que se aumente o respeito por eles e por seus membros. Sem participação crítica, não avançaremos nessa direção.

Uma reflexão sobre ideologia e partidos políticos

Chegamos agora a uma reflexão, ainda que ligeira, sobre o complexo conceito de ideologia, sem a pretensão de esgotar o tema; apenas com a intenção de chamar a atenção e abrir interesses por algumas reflexões.

A palavra ideologia significa mais ou menos um conjunto de ideias. Ideologia é um conjunto de ideias que direciona e influencia o modo de uma pessoa (ou grupo de pessoas) sentir, pensar e agir. Se, por exemplo, alguém pensa que o trabalho dignifica o homem, este modo de pensar vai influenciar o seu modo de agir. Nesse sentido, essa pessoa haverá de se preocupar em ser um bom trabalhador, responsável, dedicado. Estará sempre disposto a ajudar, a cumprir suas obrigações e extrapolar suas tarefas sem cobrar nada. Se alguém pensa que um casal só pode ser constituído por um homem e uma mulher, esse alguém terá sérias dificuldades para aceitar uma relação homoafetiva. É como se cada um de nós tivesse um óculos para ver a vida, as pessoas, as relações, o mundo: uma visão do mundo enquadrada por esses óculos. Esse conjunto de ideias que dirige o entendimento que as pessoas têm do mundo e suas complexas relações, essa ideologia, nos chega pelo estudo, pela leitura, por ouvir palestras, por conversar com colegas etc. Ninguém nasce com uma visão de mundo pronta, nem ninguém está livre dessa visão ideológica do mundo. Ela vai se formando, por diversos caminhos de experiências e aprendizagens, aos poucos. É nesse sentido que o filósofo-educador Paulo Freire fala que "cada um de nós tem conhecimentos, tem uma leitura de mundo que precede a leitura da palavra escrita".

Em Política, podemos dizer que há outra noção de ideologia, com um sentido prático. O conjunto de ideias e valores ideológicos, nesse sentido, faz parte das artimanhas da elite que tem o poder político nas mãos para manter dominados a maioria dos comandados. Dessa forma, a ideologia seria um conjunto de ideias e valores sem fundamento, sem aprofundamento teórico, que não corresponde aos fatos reais, escondendo-os, mascarando-os. Se, por exemplo, alguém pensa que "o mundo é dos mais fortes", pode, com base nessa ideia, justificar a escravidão e a exploração de uns pelos outros. Se outro pensa que a família é uma instituição formada por um casal heterossexual e seus filhos, com papéis bem definidos e divididos entre o homem e a mulher, terá sérias dificuldades para aceitar a presença da mulher no trânsito, na política, em cargos de governo etc. Se alguém pensa que a educação escolar é um processo neutro, livre de valores, uma bobagem intelectual sem tamanho, vai ser defensor da Escola sem Partido, uma das maiores tolices desses nossos tempos. Massificados pela propaganda intensa (e tecnicamente bem feita), "agro é *pop*, agro é *top*, tá na Globo", vamos acabar acreditando que o agronegócio é maravilhoso e que é essa atividade econômica que sustenta o país, nos esquecendo de fazer uma reflexão mais profunda sobre questões que envolvem essa atividade econômica: devastação ambiental, uso de agrotóxicos condenados em outros países, financiamento a baixo custo, eleição de uma das maiores bancadas de parlamentares para defender os seus direitos etc. É assim, por múltiplas formas de manipulação do conhecimento e da informação, que esse olhar ideológico vai conformando a sociedade da forma como ela é, conservando sua estrutura injusta, machista, corrupta, preconceituosa etc.

Nesse sentido, temos que entender esses dois conceitos de Ideologia: um que reúne entendimentos, teorias, comportamentos que determinam as escolhas de cada um de nós (ideologia libertadora), e um outro que é o conjunto de ideias usadas por grupos que operam o poder para manter esse poder na direção que querem (ideologia manipuladora).

Ideologia pode estar expressa na carta de princípios de um partido político. A ideologia de um partido costuma receber um adjetivo: esquerda, direita ou centro. As palavras "esquerda" e "direita" pertencem à categoria gramatical conhecida como adjetivo. Ou seja: são nomes que atribuem qualidades aos seres e objetos. Nesse sentido, qualificar uma pessoa ou um partido político como de esquerda ou de direita é atribuir-lhes qualidade ideológica, ainda que seja difícil desenhar os matizes de significados que cabem nessas colorações.

De modo geral, com cautela, podemos atribuir um ideário às pessoas que se postam mais à esquerda, como aquelas que prezam o coletivo, que defendem mais verbas para a saúde e educação, lutam por políticas de assistência aos mais pobres e por reformas mais amplas, como a reforma agrária, distribuição de renda, taxação das grandes fortunas, entre outras causas. Na turma da direita cabem as pessoas que prezam a liberdade individual e liberdade econômica, com livre trânsito do capital estrangeiro. Enaltecem a meritocracia, a propriedade privada, a privatização de empresas e serviços públicos, inclusive da educação e da saúde por megaempresas. Sobretudo pregam a diminuição do Estado, diminuindo, evidentemente, a prestação de serviços públicos gratuitos. Entre direita e esquerda, cabem as pessoas de centro, que tentam conciliar posições antagônicas, decidindo-se ora por um lado, ora por outro. Seu lugar de espera é um confortável "em cima do muro", de olho em oportunidades, para se posicionar, aqui e ali, contra supostas radicalidades dos demais. Como os políticos dos partidos do chamado Centrão, força política que, conforme seus interesses, serve a deus e ao diabo.

Somente a lida constante com o aprofundamento do conhecimento, de reflexões e estudos, tomada de consciência do que está por trás de cada fala, cada discurso, cada *slogan*, cada ação política e cada peça publicitária, cada discurso e cada texto lido, permitirá uma movimentação autônoma e escolha de quais óculos queremos usar para entender o mundo e... atuar na história.

A sobrevivência dos partidos: alteração de nome, fusão (incorporação), coligação e federação

Partido político, como vimos anteriormente, é um grupo organizado e regulamentado, com proposta programática de ocupação do poder e, através deste, tomar decisões que dizem respeito a uma coletividade. E por assim ser, como qualquer outra organização, precisa se atualizar, mudar, repensar-se, e reorganizar-se para sobreviver. Atualmente são pouco mais de três dezenas de partidos aprovados, em funcionamento, número que pode se alterar em razão dos muitos pedidos de registros de novos partidos e das movimentações partidárias, algumas das quais trataremos aqui: alteração de nome, fusão e incorporação, coligação e federação. Primeiramente devemos anotar que essas movimentações são permitidas pelos diversos documentos legais, entre os quais a Constituição Federal e a Lei dos Partidos, Lei n. 9.096/1995, e outros mais recentes, como a lei das federações partidárias, mais uma jabuticaba política.

Comecemos por uma breve reflexão sobre estes movimentos, sobre a razão que orienta e sustenta estas mudanças. Aponto três breves razões básicas para estas movimentações, todas ancoradas na necessidade da sobrevivência política: a) alteração da nomenclatura, para fugir de história anterior marcada por posicionamentos ultrapassados; b) fugir de eventuais regras impostas pelas cláusulas de barreira, escapando de ser alcançado e ficar sem acesso aos fundos partidário ou eleitoral; c) nova configuração ideológica, o que é sempre mais difícil de acontecer e de se apurar verdadeiramente.

Cláusula de barreira é um mecanismo legal que estabelece um número mínimo de votos para que um partido político tenha atuação parlamentar, tempo de propaganda na mídia e acesso ao fundo eleitoral. Também é conhecida como barreira constitucional ou cláusula de desempenho.

Como o que dá vida a um partido político são os votos, o que justifica a existência desses redutores é que deve haver limites para que não haja proliferação de partidos nanicos ou partidos de aluguel. Mecanismos dessa natureza, em Política, são criados e alterados constantemente. No Brasil, a última reforma política sobre a matéria foi a edição da Emenda Constitucional 97/2017. Por ela, há um número progressivo limitador: nas eleições gerais de 2022, os partidos deverão ter 2% dos votos, em âmbito nacional, ou eleger 11 (onze) deputados federais por diversos estados. Para 2026, se não houver nenhuma alteração legal, os partidos deverão ter 2,5% dos votos nacionalmente ou eleger 13 deputados federais.

Pode haver outras causas para as movimentações, mas penso que estas são as mais decisivas.

Uma das mudanças mais comuns é a **alteração do nome da legenda**. Nem sempre essa mudança no nome refletirá uma mudança de postura. Pode ser meramente um novo adereço, um enfeite, uma nova palavra ou ideia, antenada(o) com os novos ventos da política, não necessariamente com proposta de mudança de atitude. Nos últimos anos, por exemplo, houve uma enxurrada de novos nomes, muitos deles excluindo da sigla a palavra "partido", como se isso por si só indicasse modernidade ou alteração ideológica de pensamento e prática. A maioria desses "novos" partidos mudou o nome e não mudou a prática: novos nomes para velhas práticas.

Outra movimentação político-partidária é a **fusão**. Neste caso é a conformação de dois partidos em um terceiro, com novo nome, com aprovação, em convenção própria para este fim, de novo estatuto (lembrando que o estatuto de um partido, à semelhança de qualquer estatuto ou regimento, é a corporificação das regras de seu funcionamento). De modo geral, os dois partidos fundidos saem desse processo, que só passa a valer depois de aprovado pelo Tribunal Superior Eleitoral, maiores e mais fortalecidos, ainda que possam ocorrer algumas perdas no meio do caminho e tragam alguns conflitos internos a serem resolvidos. Nesse caso, além do suposto fortalecimento para uma próxima eleição ou para negociar apoio ao governo de plantão, podendo integrar um governo de coalizão, não se descarta a justificativa de medo de inviabilidade de um dos dois partidos, ou de ambos, pela cláusula de barreira. Fusões sempre existiram em nossa Política, não se constituindo em novidade.

Veja mais sobre esse assunto na página 152.

A incorporação é um processo mais simples em que um dos partidos desaparece e passa a fazer parte do partido receptor. O processo também só é oficializado depois de aprovado pelo TSE.

A **coligação** é uma movimentação mais específica, pois se dá em época de eleição e funciona prioritariamente com o objetivo de fortalecimento nas disputas eleitorais. Recentemente houve mudança no Código Eleitoral que inviabilizou as coligações. E, por mais contraditório que possa parecer, há uma discussão acalorada tramitando no Congresso Nacional de revisão dessa proibição, entre muitas outras alterações, menos de quatro anos após as últimas mudanças.

Por isso, é importante acompanhar, ver e conferir. E participar, quem assim o desejar, cobrando de seu parlamentar postura menos fisiológica nessa discussão. Partidos coligados dividem, em número proporcional aos votos, as cadeiras dos parlamentos. Na eleição majoritária, leva quem for cabeça de chapa.

Por último, algumas palavras sobre **Federação de Partidos**, recentemente aprovada na Lei n. 14.208/2021, com a derrubada de veto presidencial que a proibia. A Federação, entendida como uma associação de partidos, sem a perda de sua identidade, tem caráter mais duradouro, permanente se esta for a opção, e deve durar pelo menos quatro anos, ao contrário das coligações, que são eventos eleitorais. Unir-se em Federação impõe aos partidos federados afinidade programática, uma abrangência nacional e respeito a um tempo mais longo de duração. Desfiliando-se da Federação, o partido sofre restrições, entre as quais a possível perda de mandato no caso de parlamentar que deixa um partido filiado à Federação e perda do fundo partidário. Embora possa parecer uma figura política interessante, a sua institucionalização não deixa de ser uma forma para escapar da cláusula de barreira e manter o acesso ao sempre cobiçado fundo partidário.

Veja mais sobre esse assunto na página 151.

De qualquer forma, essas movimentações políticas são justificáveis para que os partidos políticos, um dos esteios da democracia, não fiquem aprisionados em regras imutáveis. Por outro lado, não se pode concordar com uma dança casuística e oportunista que apenas considere o interesse pelo acesso aos fundos partidário e eleitoral e pela sobrevivência, mesmo sem a densidade de votos necessária para garantir a presença de uma agremiação no cenário político.

Quadro partidário brasileiro: algumas informações provocativas

O quadro partidário brasileiro dos partidos reconhecidos pelo Tribunal Superior Eleitoral, por onde tramita todo pedido de criação de novo partido, há algum tempo vem oscilando na casa de pouco mais de três dezenas. Embora tenham um nome oficial, os partidos são reconhecidos na mídia e no cotidiano por sua sigla. Uma sigla como PL, do Partido Liberal, pode dizer muito da ideologia partidária. Outras siglas há, como NOVO, AVANTE, PODEMOS, CIDADANIA, PROS, por exemplo, que nada dizem ou que tudo podem dizer, uma vez que as siglas partidárias podem esconder muito da história do partido. Outras siglas, tais como PT, PCB, PCdoB, PSDB, PSOL, por exemplo, trazem na sigla – e na sua história – a cara de sua ideologia. De ponta a ponta, há de tudo nesse leque partidário.

A moderna democracia sustenta-se principalmente na existência de partidos políticos fortes, bem estruturados, com ideologia própria e definida. Isolado, um indivíduo não tem força política nenhuma, falta-lhe voz, espaço e cenário para atuar. Algo como diz a sabedoria popular: "uma andorinha sozinha não faz verão". Um partido político sério e bem-intencionado, além de abrir espaço para a manifestação e expressão dos anseios da população, pode ser o cenário para o surgimento de ideias boas, de sugestões, de políticas públicas e novas lideranças. O que não é comum em um partido político é o desprezo pessoal ao partido ou a superioridade de uma pessoa sobre o partido. Superioridade essa, como a pretendida pelo político Jânio Quadros, quando em sua carta de renúncia à Presidência da República, encaminhada ao Congresso Nacional, nos distantes e longínquos idos de 1961, reclamava das "forças terríveis" que o

> " Um partido político sério e bem-intencionado, além de abrir espaço para a manifestação e expressão dos anseios da população, pode ser o cenário para o surgimento de ideias boas, de sugestões, de políticas públicas e novas lideranças. "

impediam de governar o país. Lida a carta e aceita a renúncia, Jânio Quadros foi o estopim da conturbada história da vida política brasileira, com reflexos em todas as direções, inclusive na história recente da formação do quadro atual de partidos políticos. Em 1965, o governo da ditadura militar editou o Ato Institucional n. 2, que acabou com as legendas partidárias até então existentes e indicou a criação, pelo Congresso, de dois partidos, o que se deu em 1966 e perdurou até 1978. Foi, então, inaugurado o bipartidarismo no Brasil, que esteve presente nos 12 anos seguintes.

Para falar de bipartidarismo, temos que falar um pouco dessa noção de partidos e quantidade. Regimes totalitários e ditatoriais, em que o espaço para o diálogo e a participação praticamente inexiste, adotam o regime do partido único. Só há um partido, o partido do governo, e fim de papo. Há casos de partido único em que há outros partidos, infinitamente menores e sem a menor chance de ocupar postos de poder na Política. Há exemplos em outras democracias, como a americana (EUA), de um bom ajuste político, principalmente no que diz respeito à alternância de poder: republicanos e democratas alternam-se no poder do comando de uma das maiores e mais bem-sucedidas nações do mundo.

No Brasil, essa situação de bipartidarismo sobreviveu até 1979. Nessa época, a ditadura, já sem forças, envergonhada e batida, sofria, com seu partido de apoio, a ARENA, dando evidentes sinais de exaustão. Teve início um grande movimento de renascimento de partidos políticos. É nesta época, início da década de 1980, que o Partido dos Trabalhadores (PT) começa a ser criado. O MDB transforma-se em Partido do Movimento Democrático Brasileiro (PMDB) e a ARENA, o mais longevo partido camaleão, transforma-se no PDS (Partido Democrático Social), que depois se transformará em PFL, depois no DEM, depois... Outros partidos retornam à cena, algumas siglas bem antigas, e outros vão sendo criados: PTB, PDT, PCB, PCdoB, PSB, PPS, PSDB, PDC, PV, PP, PSOL, PSD, PSL etc. Como dissemos anteriormente, atualmente há um movimento, imitativo de movimento europeu, de se nomear os partidos sem a palavra "partido". São novos de existência, mas não necessariamente novos na sua ideologia ou postura política, alguns deles tendo à frente políticos da "velha política", com os mesmos vícios de sempre.

Em princípio, o pluripartidarismo é mais interessante do que o bipartidarismo. A existência de mais partidos, desde que bem definidos e bem estruturados, pode ser salutar à democracia, à pluralidade de ideias, de propostas, de visões, de opiniões. No entanto, o excesso de siglas, muitas delas apenas **legendas de aluguel**, outras que estão **de olho apenas no dinheiro do fundo partidário**, uma verdadeira salada que mistura alhos e bugalhos e não diferencia social de coletivo, confunde exageradamente a cabeça do cidadão, pois fica difícil saber a real diferença – quando há – entre os "pês" partidários. Partido disso, partido daquilo, partido daquilo outro. O desenho da colcha de retalhos desfigura-se e fragmenta-se aos olhos do cidadão menos informado.

As questões que provocam nossa sensibilidade política são:

- Qual a verdadeira causa de tantos partidos registrados?;
- Em que nos ajuda a existência de tantas siglas com tão pouca diferença de atuação política?;
- Precisamos de tantos partidos nanicos?;
- Seria mesmo a verba dos fundos partidários, volumosas e com pouco controle de sua contabilidade, o verdadeiro objetivo da maioria dos partidos?

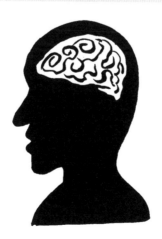

Tempos midiáticos na Política

Política e redes sociais: relações de poder e duração dos tempos políticos

Já falamos anteriormente sobre a definição da palavra Política, como um vocábulo que se instalou em nossa língua vindo do grego *pólis*, que significa "cidade". Da mesma forma, com significado semelhante, a palavra cidadania, da língua portuguesa, remonta sua origem ao vocábulo latino *civitatem*, que também significa "cidade". Daí temos Política, atividade exclusivamente humana, cujo significado maior é a relação estabelecida entre os que vivem em uma comunidade. É, portanto, nas comunidades, maiores, menores ou grandes, que a vida em comunhão obriga ao estabelecimento de regras (costumes, moral, regulamentos, leis etc.) que ditam as relações entre as pessoas. Isso desde os tempos em que as primeiras comunidades foram se organizando e os problemas eram muito menos complexos do que os atuais. Muitas dessas ações políticas são cidadania pura, e construir a cidadania de um povo é ação política da mais alta significação. E estas ações de organização das comunidades vão se dando entre as pessoas e sendo criadas relações de poder. Betinho, o sociólogo Herbert de Souza, irmão do cartunista Henfil, em uma entrevista concedida a jovens, cujo resultado está no livro *Ética e cidadania* (Editora Moderna, 1994), quando lhe perguntaram "o que é política?", respondeu:

> *"Política tem a ver com poder – ela nasce de uma relação de poder*
>
> *que se estabelece entre as pessoas ou grupos de uma sociedade...*
>
> *Acho que o grande desafio da definição de política está em desvendar o*
>
> *que é poder... O poder não é uma coisa; o poder não se transporta, não se*
>
> *transfere. Poder é uma relação, mas um tipo especial de relação em que*
>
> *existe domínio. Se há domínio, há subordinação, ou o poder não*
>
> *se estabeleceria. Então, para que ninguém exerça o domínio nem se su-*
>
> *bordine ao outro, deve haver equilíbrio na relação entre as pessoas..."*

Não é por outra razão que disputamos poder para fazer valer nossas demandas na direção dos rumos de uma sociedade desejada. Por isso apostamos na democracia, como o regime que mais facilita a troca de comandos e a divisão de tomadas de decisão. Razão pela qual o caminho mais moderno que vem sendo construído é o da democracia participativa; mais moderno, mas não mais fácil. Não é sem justificativa que a regulamentação dos conselhos de representantes, uma forma clara de divisão do poder, já definido no Supremo Tribunal Federal, vem se arrastando. Muitos políticos não querem renunciar a seus privilégios e nem dividir o poder que a classe política autoritária detém na configuração atual. Querem manter o poder de decisão de cima para baixo e não permitir decisões de baixo para cima. Esta é uma longa briga que não pode desanimar os que querem a participação ampliada na tomada de decisões sobre políticas públicas. Estes são os tempos longos da Política, em muitos casos necessários, já que as decisões tomadas impactam a vida de muita gente. Temos os tempos brevíssimos das redes sociais, via internet (aqui entendidas como os *sites* e aplicativos do tipo Facebook, YouTube, WhatsApp, Instagram, Linkedin, Twitter, TikTok, Telegram etc.), onde as movimentações políticas também se dão. A intensidade como as informações, políticas inclusive, mas não exclusivamente, ocorrem nessas redes via internet é impressionante e tem merecido muitas análises e estudos.

> Veja mais sobre esse assunto na página 158.

São breves, superficiais e nem sempre confiáveis, mas podem mudar o modo de pensar ou agir diante de um fato ou comportamento. Na comparação com os tempos mais longos da Política institucional, podem parecer mais interessantes, mais ágeis e eficientes. No entanto, cabe observar que a maioria das informações veiculadas nos tempos breves das redes sociais são individuais, superficiais, sem diálogo e, muitas vezes, com conteúdo duvidoso, formato de politicagem. Transitam em várias esferas sociais, como a familiar, social, profissional e política, de modo diverso, com objetivos definidos para um público específico e, como um bazar de tolerâncias, oferece de um tudo aos consumidores. Inclusive informações, não necessariamente corretas, sobre Política. De modo geral, a participação nessas

redes se dá com comentários curtos, respostas diretas de mão única ou cliques automáticos. Ao contrário do que a participação política enseja: discussões, audiências, consultas, proposições e atuações, de diversas formas, nos mandatos legislativos. Assim, os tempos curtos das redes sociais e os tempos mais longos da Política institucional coexistem e neles, ou com eles, as relações de poder vão se construindo. Nenhum dos tempos, por si só, garante a efetividade dos princípios democráticos, pois em ambos é preciso que estejamos sempre atentos, alertas, curiosos, informados e com disponibilidade para a participação.

A participação política, de modo mais efetivo, mais intenso e mais duradouro, é o que nos constitui como cidadão. E o que garante a soberania do regime democrático: sem participação ativa, as relações de poder são manipuladas e estabelecidas por quem já está no poder. Cidadania política se faz com alternância do poder e tomada de decisões democráticas com participação.

Fake news no cotidiano político

Vivemos em um universo absurdamente midiático. Mídia, para efeito de entendimento destas anotações, é palavra de origem latina que indica o plural de *medium* (meio). Mídia vem a ser o conjunto dos meios de comunicação, entre os quais o rádio, o jornal, a tevê e, mais recentemente, a internet (virtual). Redes sociais são os agrupamentos de pessoas interconectadas pela internet. É nesse universo repleto de informações permanentemente bombardeadas pela mídia, com as quais temos que lidar, que construímos nosso cotidiano de pensamentos e ações. E as informações chegam por todos esses meios. Se você, logo pela manhã, sintoniza alguma emissora de conteúdo, entre as centenas disponíveis, recebe inúmeras informações sobre, por exemplo, o clima e o trânsito. Você pode esquecer-se dessas informações no minuto seguinte ou dar significação a elas, organizando o seu trajeto ao sair de casa a partir delas. Ou seja: você dá significação às informações e as transforma em conhecimento. Daí a extrema importância de informações corretas, acertadas e objetivas para você organizar o seu pensamento e orientar sua tomada de decisões.

No entanto, o mundo contemporâneo acelerou enormemente a circulação pelas redes sociais de uma categoria de informações, conhecida

> **" Daí a extrema importância de informações corretas, acertadas e objetivas para você organizar o seu pensamento e orientar sua tomada de decisões. "**

entre nós como *fake news*. *Fake news* nada mais são do que "falsas informações", popularmente chamadas de mentiras – ou mentiras mais sofisticadas. As *fake news*, que muitas vezes até aparentam formalmente serem verdadeiras, circulam com uma velocidade assombrosa nas redes sociais. Pesquisas informais apontam que uma *fake news* circula até sete vezes mais intensamente que as notícias ou informações verdadeiras. Aquele ditado popular que ouvimos durante décadas de que "mentira tem perna curta" parece não mais se aplicar aos tempos atuais. As *fake news* têm diversas caras: apresentam-se como notícias, como textos de publicidade ou como textos argumentativos em favor de alguma ideia. Costumam manter uma cara formal de informação verdadeira e por isso induzem milhares de internautas, consciente ou inconscientemente, ao erro ou à formulação de conceitos deturpados pela falsa informação. Pela aparência formal, pela rapidez da circulação e pela falsa atitude de se prestar à divulgação de informações podem causar estragos grandes em figuras públicas (ou, contraditoriamente, beneficiar alguém) e, em alguns casos, gerar prejuízos ou lucros econômicos substanciais. De modo geral, os prejuízos que a adoção das notícias falsas, mentirosas e negativas causa são grandes, sobretudo no espaço público democrático.

Fake news têm um pouco a cara de nossos tempos: superficialidade das leituras, baixo nível crítico e disponibilidade de grande parcela da população para receber e acatar informações sem consulta à fonte confiável e propagação imediata e voluntariosa das informações veiculadas sem critério rígido de checagem. Sustentam-se, entre outras razões:

    a) pelo anonimato de seus autores, muitos deles agrupados por trás do que se chama de "gabinetes do ódio";

b) pela aceitação sem crítica e comprovação de veracidade por parte de quem as recebe; e

c) pela ausência de leis que apurem responsabilidade e punam os infratores.

Podemos dizer que as *fake news* são o *cyberbullying* contra a verdade.

> **"*fake news* são o *cyberbullying* contra a verdade."**

Fake news podem e devem ser combatidas, pois são, nos tempos presentes, uma séria ameaça aos direitos humanos e à democracia, uma vez que, usando as ferramentas digitais, espalham a narrativa do ódio, disseminam mentiras entre as pessoas, incitam a violência e causam sérios danos à reputação de pessoas públicas, organizações públicas e regimes políticos democráticos. Desmobilizam, desmontam, fragilizam, pulverizam, sempre atuando com alto teor negativo, uma arma poderosa, mas danosa à democracia. E quando se trata de *fake news* no mundo da Política, os danos são maiores, até porque, muitas vezes, se apresentam simultaneamente com outros ataques antidemocráticos: censura, ameaças, assédios, manobras politiqueiras etc. Viver entre e com *fake news* tem sido uma constante no mundo contemporâneo, condição de que os governantes, principalmente os populistas e antidemocráticos, têm se valido, aproveitando-se do grande poder estruturador de relações pessoais das redes sociais. Razões pelas quais temos que reinventar a lida com o conhecimento e com a informação correta, visto que a interconectividade via redes sociais veio para ficar. Didaticamente, como fazemos na boa aprendizagem escolar: ler atentamente, conhecer as fontes da informação, duvidar criticamente e rejeitar, denunciando, o conteúdo falso. Uma escola crítica é necessária – o que faz tremer na base os defensores do movimento Escola sem Partido. Paralelamente a esta conduta individual de checagem, temos que cobrar da Política institucional e de nossos representantes a regulamentação do marco oficial da internet, estabelecido na lei geral aprovada em 2014, e a responsabilização empresarial, como empresas que são, das plataformas que hospedam os produtores de *fake news*.

Não haverá avanços e nem fortalecimento dos pilares democráticos se essas ações políticas não forem trazidas para o cenário atual. Não dá mais pra conviver socialmente com a crença estúpida e desumanizante de que vacinas fazem mal, entre outras ignorâncias causadas pela desinformação ou pela informação mentirosa e mal-intencionada.

Gabinete do Ódio

Há uma máxima que se proclama no exercício político que diz: "não se faz Política com o fígado". Bom seria se todos pudéssemos praticar sem restrições este adágio. No entanto, ao que parece, o mundo todo vem atropelando esta máxima e praticando a Política da forma mais figadal possível: atropelando o bom senso, o diálogo, a conversa em busca do consenso, o horizonte do bem-estar coletivo da maioria. Sabemos que não é fácil praticar a Política como ciência, como arte ou como filosofia, mas o que vemos atualmente é um exercício de exacerbação dos meios – que quase nunca justificam os fins. Como se o conflito, natural na Política, fosse mais interessante do que sua solução. Este tipo de postura, que privilegia o conflito, o acirramento dos nervos, a ignorância e o aumento da energia negativa, só interessa a quem não tem capacidade de diálogo e não tem competência para gerenciar democraticamente uma sociedade plural e múltipla, fazendo dessa aposta no conflito o tema da postura política, apostando na massa ignara, passível de manipulação de seus sentimentos acovardados anonimamente e que não praticam, como seus líderes, a capacidade racional de sentar-se à mesa para discussão democrática. Preferem o caminho da violência, da ignorância, da força bruta e do ódio.

Com a evolução da tecnologia da informação, principalmente com a disseminação das chamadas redes sociais, parte grande da sociedade, em todo o mundo, saiu do anonimato e passou a se juntar – não seria correto dizer que se organizam – num carnaval pelo avesso, num caminho de provocação visceral pela raiva, pela ignorância, pela superficialidade dos argumentos e, na maioria das vezes, pelas informações falsas, as tais *fake news*, que nada mais são do que "falsas informações", popularmente chamadas de mentiras. As *fake news* circulam com uma velocidade assombrosa nas redes sociais. Já vimos isso antes, mais recentemente com a eleição de Donald Trump, com base nas ideias de Steve Bannon, articulador de sua campanha e depois parceiro orientador da postura agressiva, autoritária, bravateira e banhada de raiva do, hoje, ex-presidente americano. E estamos vendo e vivendo em terras tupiniquins a ascensão, via redes sociais, dessa massa nervosa, descriteriosa, indisponível ao diálogo, destilaria plena de ódio. Estas coisas estavam por aqui. Buscam a glória e um reconhecimento de sua vida à margem que a sociedade ignora. Não pudemos perceber ou não quisemos, mas estes *trolls* já estavam esperando uma liderança para abrir as comportas da manipulação massiva e trazê-los, ainda que pelo caminho mais suspeito entre as humanidades e por breves instantes, à tona, nos seus gabinetes do ódio.

O conceito – ou ideia – de gabinete do ódio vem construindo sua narrativa, sua lógica. Trata-se, possivelmente, de um fenômeno também social, para além da Política e da mídia. Um jeito raivoso e odiento de ver o mundo e apostar contra o *status quo* com seu poder de destruição. É uma estrutura organizada, muitas vezes com financiamento estrangeiro, pronta para desferir ataques ofensivos, via redes sociais, contra autoridades, figuras públicas e instituições, com o objetivo de minar a credibilidade e fragilizar politicamente o alvo escolhido. De modo geral, veiculam *fake news*, seu método preferido, em velocidade espantosa, mentiras, narrativas de destruição e violência, e desrespeito aos direitos humanos, principalmente contra alvos das minorias e instâncias democráticas. Protegidos, muitas vezes, pela máscara do anonimato, os membros dos gabinetes do ódio captam a energia negativa dos que se sentem à margem da vida, uma massa pouco afeita à reflexão e ao uso racional do conhecimento, que se contenta com o *like* imediato, volumoso e frequente, a pretexto de participação, seus *trolls* em voo cego espalhando mentiras, negacionismo e teorias da conspiração. São manipulados por espertalhões, arquitetos do caos, que usam esse exército inculto para esparramar mensagens de ódio, de violência e de desconstrução da democracia. A ignorância impede que essa participação dos membros dos gabinetes do ódio vá além do clique no *like*.

Uma das explicações, longe de ser a única, para este fenômeno que tomou conta da agenda da Política, metralhando comportamentos progressistas e democráticos, é que algumas lideranças perceberam essa massa ignara, desprovida de espaços para falar e ouvir, amargurada por sentimentos negativos sobre os tempos e, principalmente, desencantada com a atuação dos políticos, e ofereceu a essa massa o espaço público midiático para dar *likes* anônimos, não muito mais do que isso, em mensagens repletas de mentiras, de negacionismo, de terra arrasada, de aposta no caos. São pessoas ligadas a governantes, de modo geral, autoritários, com administrações pífias, que desprezam a democracia e o diálogo, e que confundem, propositadamente, liberdade de expressão com expressão do ódio, propagação da violência e do negacionismo da ciência. Sem dúvida, um braço irracional dos governantes autoritários e fascistas.

LIBERDADE DE EXPRESSÃO ≠ EXPRESSÃO DO ÓDIO

O momento que vivemos, no mundo inteiro, pede a reflexão sobre este assunto, que não é tão simples e traz outras narrativas para o centro dos movimentos políticos. Temos que encontrar alternativas para lidar com esses movimentos: a educação crítica e libertadora pode ser uma delas. A outra, certamente, caminharmos para a regulamentação da responsabilidade das megaestruturas de redes sociais do ponto de vista da coerência com a verdade, com a ciência, com o respeito aos direitos sociais e instituições democráticas, sob pena de nos afundarmos na barbárie.

As ruas: espaço público de manifestações democráticas

A história registra nos distantes tempos da democracia grega que o espaço público democrático era a praça conhecida como Ágora. Nela, os assuntos da vida pública eram discutidos pelos homens qualificados para essa discussão. O tempo e a história passaram com rapidez registrando outros tantos espaços públicos, entre os quais atualmente podemos falar das "ruas" e das mídias sociais. Em ambas as situações, o que esses movimentos políticos querem é dar visibilidade à sua voz e ao seu discurso, chamar a atenção para sua pauta, sua agenda, sua intenção política. Na década de 1960, o teórico das comunicações Marshall McLuhan já especulava sobre a tecnologia de comunicação, antecipando a ideia de rede trazida pela internet, e profetizou: "o meio é a mensagem".

Nos dias de hoje, o mentor de Donald Trump, estrategista responsável direto por sua eleição, um dos signatários do "gabinete do ódio", Steve Bannon, aposta no "não importa por quê, mas tem que estar na mídia diariamente", um *remake* da pregação ideológica da massificação e das *fake news*, quando dizia que "uma mentira repetida muitas vezes se transforma em verdade", do ministro hitleriano J. Goebbels. Também as ruas são espaços democráticos de manifestações do discurso e da ação política, estas demandando um tempo de organização maior e envolvimento presencial de mais pessoas. Talvez por essa organização mais demorada e planejada, essas manifestações de rua mereçam da mídia uma cobertura mais intensa.

Diferentemente das mídias sociais, em sua maioria, manifestações inicialmente solitárias, as manifestações de rua se fazem presentes, quando significativas, com intensidade e visibilidade. Chamam a atenção e marcam presença e registro. Não é por outra razão que manifestações de rua, mais frequentes no país a partir da década de 1960, têm registro na história política recente. A Passeata dos Cem Mil, no Rio de Janeiro, contra a ditadura em 1968, o fortíssimo movimento pelas Diretas Já, principalmente em 1984, o movimento dos Caras-Pintadas, na época do Fora, Collor e mesmo o Vem pra Rua, na época da articulação do golpe político que depôs a presidente Dilma, entre outras, estão registrados na memória histórica brasileira recente. As ruas, como espaço cívico e público, recebem movimentos de qualquer matriz ideológica: nesses espaços cabem movimentos de extrema-direita, de esquerda, culturais e comportamentais. Por ser um espaço democrático – e é bom que continue assim –, as ruas são de todos os que querem dar visibilidade ao seu discurso. Nelas cabem, embora seja forçoso reconhecer, até movimentos "oficiais", chapa-branca, organizados pela convocação de quem não pode deixar de ir sob pena de repressão e assédio (é o caso, por exemplo, dos desfiles de 7 de Setembro, quando enviesados pelo matiz ideológico da força bruta). Os movimentos levados às ruas são termômetros para os políticos de mandatos eleitos pelo voto: podem atuar na decisão de comportamento no Legislativo e no Executivo dos políticos eleitos. Não é em vão que os políticos do chamado Centrão têm sempre um olho (ou dois) nas manifestações das ruas: seu apoio político aos governos de plantão pende, feito pêndulo leve, como a biruta nos aeroportos, ao sabor do grito das ruas.

Com o crescente esgotamento do modelo de democracia representativa, em que apenas os políticos eleitos representam as demandas da sociedade, novos e intensos movimentos políticos se fazem presentes na chamada democracia participativa. E as ruas se prestam com perfeição para receber e agasalhar manifestações de insatisfação social, por novas demandas e apoios a movimentos. É por isso que mesmo em momentos restritivos e de desânimo bicudo, o anseio contra o populismo bravateador e covarde, contra as perdas todas impostas no escuro da calada da noite por mudanças em legislação, seja no campo do trabalho ou dos direitos sociais, a contrariedade com o abandono do meio ambiente e os arrotos fedidos contra o Estado Democrático de Direito, em todos os tempos, certamente levam e ainda levarão às ruas, futuro adiante, milhares de cidadãos insatisfeitos com os rumos da Política nacional.

Políticas públicas, discursos e o reconhecimento da importância da escola

Uma das questões que a modernidade trouxe, as restrições impostas pela pandemia, por exemplo, foi o reconhecimento da importância da escola: para o desenvolvimento cognitivo das crianças e dos jovens, para sua socialização, para sua proteção e sua inserção no mundo em que vivemos. Conviver com as diferenças, com os costumes variados e com a pluralidade, fazendo-se um sujeito, mediado pelo conhecimento acumulado: eis a importância da escola. Que não se confunda com o necessário aspecto assistencial imposto à escola, ao longo dos anos, local onde se tem a alimentação que falta em casa, o atendimento à saúde e outros penduricalhos politiqueiros, tais como o fornecimento de uniformes, materiais e assemelhados. Além da baixa qualidade de quase todo esse material, padece de outros buracos administrativos que assolam a nossa administração pública, a exemplo de atrasos, compras superfaturadas, material inservível etc. Convenhamos, embora convivamos com este lado assistencial da escola, há que se entender que a escola é o local preferencial da aprendizagem, da lida com o conhecimento universal acumulado, da formação de atitudes e habilidades. Daí sua extrema importância.

Isto posto, vale considerarmos algumas questões que permeiam este tema. O primeiro aspecto é o que chamamos de Políticas Públicas. Políticas Públicas são as propostas de um governo para implementar demandas pertinentes a determinado tema das necessidades sociais do povo. Nesse sentido, em tese, as ações propostas por um governo, durante sua gestão, devem estar vinculadas às suas Políticas Públicas propostas para a área. Caso contrário, tudo o que é proposto nas ações são ações fragmentadas e desconectadas de uma política mais geral e abrangente que atenda à verdadeira demanda da sociedade por uma escola pública de qualidade, demanda aqui tratada. É o que vem acontecendo em todas as esferas governamentais nesses tempos, cujas ações, para além de correr atrás das emergências impostas pelos tempos, não dialogam com o interessado, a maioria da população. Ou, por outro lado, podemos falar de uma política (ordinária) para a educação que está, sim, antenada com o olhar grosseiro e ambicioso dos empresários, dos que querem transformar a educação em um negócio rentável. Não por outra razão, as grandes mudanças vêm na esteira da contratação, a peso de ouro, de instituições privadas que vendem caro o seu serviço de apoio, avaliação, cursos etc. Desde muito saímos dos tempos em que as ONGs, com dinheiro privado, investiam, aqui e ali, em projetos e processos educacionais. Hoje, grandes corporações, fundações e empresas especializadas estão de olho no dinheiro do Fundo de Manutenção e Desenvolvimento da Educação Básica e de Valorização dos Profissionais da Educação (Fundeb), por exemplo, no caminho desse engodo, do ponto de vista de qualidade do processo

> **"Políticas Públicas são as propostas de um governo para implementar demandas pertinentes a determinado tema das necessidades sociais do povo."**

educacional, do chamado ensino a distância, ensino híbrido e outros adjetivos de neon. Há que se apontar que em todas as esferas, da federal à municipal, o discurso de preocupação com a educação não se transforma na prática em uma escola pública de qualidade. Propagandas governamentais sobre reformas são exemplo disso. O que se discute nos gabinetes centrais não chega perto da real demanda da população seja por currículos mais atuais, por espaços mais bem equipados e atraentes ou por mais tempo na escola. Tudo isso vem bem empacotado, em embrulho de presente, entregue ao capital privado, sedento por meter a mão nessas verbas. Há falta generalizada de Políticas Públicas para a educação pública, que venham sintonizadas com as demandas sociais – e não com o olho gordo do privatismo e do lucro.

Outro aspecto a considerar é o discurso vivo, atuante e em larga escala distribuído nas grandes mídias que anunciam as reformas, os investimentos, as mudanças, os novos rumos da educação. Discurso leve, frágil, pra inglês ver, que mente, esconde verdadeiras demandas, tapa o sol com a peneira, põe dinheiro onde não há necessidade. *Slogans* e lemas publicitários não dão conta de Políticas Públicas efetivas e necessárias. Apenas confortam os brasileiros que temos a inteligência embaçada ideologicamente, sem resolver os problemas. O que vai pela mídia, em polpudas campanhas regadas a verbas esplendorosas, não revela a real condição da educação pública brasileira, sua situação e suas (im)precisões. Ou seja, peças publicitárias descoladas da realidade não substituem uma política pública para a educação, comprometida com a realidade brasileira.

Um terceiro, e, por ora, último aspecto a considerar, paralelo a este ataque ideológico midiático, é o registro de que os canais de discussão com a sociedade estão permanentemente fechados. Impera o autoritarismo, a decisão centralizada, a omissão de informações pedidas, a obrigação de cumprir as ordens vindas e emanadas de cima. Ignoram a comunidade, os conselhos de escola, os sindicatos, as universidades. Matam a discussão colegiada na escola – como bem quer a ideológica Escola sem Partido –, impõem toque de recolher na sua crítica criativa e abafam manifestações contrárias. Um exemplo claríssimo disso é a imposição feita, aqui e ali, por governos autoritários, para que as escolas optem por seus projetos marqueteiros, programas apressados, discutidos apenas na cúpula dos gabinetes, que não permitem outras visões críticas e ignoram decisões da comunidade, mesmo quando estas são incrivelmente prejudicadas por esta imposição. Ou seja, **qualquer Política Pública para a educação, que se queira acertada, tem que ouvir a fala dos interessados, educadores e comunidade.**

Finalizando, duas questões tangenciais: primeiro, podemos afirmar que este *modus operandi* é próprio uma política (privatista) de quem se preocupa mais com a divisão da verba com os negociantes da educação do que com a real necessidade e importância da escola. E que esta vem sendo a política proposta por nossos dirigentes, com raras interrupções, ao longo das últimas décadas. Segundo: a pandemia realmente evidenciou a importância da escola pública, laica, de qualidade e gratuita. Escola como uma instituição livre, criativa, dotada de autonomia, de profissionais bem formados e bem pagos e de recursos competentes. Tudo o que não vem sendo propiciado à escola, desde muito, com raras exceções.

Não podemos esperar o tempo futuro para nos organizarmos e dizermos aos ventos todos: queremos, por precisão, uma escola aberta, criativa, crítica, competente, dotada de recursos e profissionais sempre bem formados e bem pagos. E este grito é o grito da Política viva.

Regimes políticos e conversas afins

Sistemas de governo: a organização do poder político

As modernas, e complexas, sociedades organizam o seu poder político, a forma de governar o país, de modos diferentes. Em razão da história política de cada Estado/nação, a organização definida na respectiva Constituição é diferente, de um país para o outro, em muitos aspectos: forma do Estado (democrático ou autocrático), duração dos mandatos, código eleitoral, regulamentação dos partidos, formato de escolha dos políticos com cargos, cálculo da divisão de cadeiras no Legislativo, modos de se lidar com a formulação de legislação, freios e contrapesos (controle dos poderes entre si).

Esses poderes de mando do Estado estão, de modo geral, organizados em um sistema de governo que pode estar

a) nas mãos de uma pessoa (monarquia ou tirania/ditadura);

b) nas mãos de um grupo de pessoas (aristocracia ou oligarquia); ou

c) nas mãos da maioria do povo, através de democracias representativa e participativa (repúblicas).

Aristóteles, filósofo da época de ouro da Filosofia Grega, fundador da Escola Peripatética, que viveu entre 384 e 322 a.C., foi um dos primeiros a refletir sobre a organização do poder de mando, propondo três formas de governo:

a) democracia – governo de todos os cidadãos portadores de direitos à época;

b) monarquia – governo de um só homem; e

c) oligarquia –governo de alguns poucos homens.

"Democracia", o que nos interessa discutir, é o regime político que se propõe dar voz, voto e participação nas decisões ao maior número possível de pessoas. Democracia é o regime de governo do povo, pelo povo, para o povo, no exercício de sua soberania. Um regime democrático pode ser caracterizado, entre outras facetas, por:

> " Democracia é o regime de governo do povo, pelo povo, para o povo, no exercício de sua soberania. "

- igualdade entre as pessoas,
- liberdade de expressão,
- ausência de censura,
- liberdade de imprensa,

- alternância de ocupação dos postos de governo,
- pluripartidarismo,
- defesa dos direitos humanos,
- construção de códigos de cidadania,
- participação,
- eleições e voto direto.

Nos estados democráticos, a forma de organizar o mando está dividida em três poderes distintos, independentes e harmônicos:

EXECUTIVO, LEGISLATIVO E JUDICIÁRIO

O Executivo é eleito por voto majoritário (ganha quem tiver mais votos) e o Legislativo pelo voto proporcional (em que as cadeiras são divididas entre os partidos de modo proporcional, conforme os votos recebidos pela legenda e pelos candidatados). No Legislativo, apenas o senador é eleito com voto majoritário. Os três poderes, e suas funções típicas (governar, legislar e fiscalizar e mediar conflitos) são controlados entre si pelo mecanismo chamado freios e contrapesos. O argumento que justifica e sustenta a opção pela divisão dos poderes em três é evitar a concentração dos poderes nas mãos de uma só pessoa (autocracia/tirania/ditadura) ou nas mãos de poucas (aristocracia e oligarquia). A busca pela consolidação desse formato de sistema de governo vem ocorrendo há alguns séculos, com alterações aqui e ali, e cada país/nação adota o sistema que mais se ajusta à sua história.

A república, forma de governo democrático, com divisão dos poderes de mando estabelecida em Constituição própria, tem o seu mando político organizado em um de três formatos básicos, ainda que tenhamos que afirmar que não há Constituições nem tampouco sistemas iguais: o Presidencialismo, o Parlamentarismo e o Semipresidencialismo.

O PRESIDENCIALISMO, basicamente, se constitui na concentração das atividades de Chefe de Estado (funções de diplomacia e representação do Estado) e Chefe de Governo (funções de administração do governo) na mesma pessoa. Suas principais características são:

- o presidente é eleito por voto popular, direto e secreto;
- o tamanho do mandato é definido em cada Constituição;
- o presidente não pode destituir os deputados e senadores eleitos;
- os parlamentares não podem demitir o presidente (salvo se houver processo de *impeachment*);
- a equipe de ministros é escolhida pelo próprio presidente (o número de ministérios é definido pelo governo);
- o presidente e seus ministros implementam as políticas públicas do governo;
- o presidente pode interferir na produção das leis, vetando parcial ou totalmente documentos legais aprovados nas casas legislativas.

Em algumas formas de Presidencialismo, o presidente tem poderes legislativos também (lei orçamentária, por exemplo).

O Presidencialismo está muito presente no continente americano. Exemplos mais fortes são o brasileiro e o norte-americano.

O PARLAMENTARISMO, por sua vez, é diferente do Presidencialismo, na importância que dá ao Parlamento, pois é dessa casa legislativa que sai a indicação da Chefia de Governo, o primeiro-ministro (também chamado *premier*, *chanceler*, rainha). Suas principais características são:

- a divisão de chefias e atribuição a pessoas diferentes: Chefia de Estado está mais ligada à diplomacia e a Chefia de Governo, com as atribuições relativas à implementação das leis aprovadas e das políticas públicas;
- o Chefe de Governo, cuja atuação interfere mais de perto na vida dos cidadãos, é escolhido de forma indireta pelos parlamentares eleitos (que podem também demitir o escolhido conforme maior ou menor aprovação da população e maior ou menor confiança do Parlamento que o elegeu). É fundamental que o governo escolhido seja nomeado, apoiado e, se for o caso, dispensado pelo voto parlamentar;
- não há tempo exato para o exercício da Chefia de Governo, pois o Chefe de Governo pode ser demitido a qualquer tempo;
- o Parlamento (Assembleia) pode ser dissolvido se não conseguir um consenso na escolha do Chefe de Governo e novas eleições são realizadas (cada Parlamentarismo define essas condições);
- há maior integração entre o Poder Executivo e o Legislativo;

- as relações do Chefe de Governo com o Parlamento são diferentes conforme a composição do Parlamento. Se um partido faz maioria é capaz de sozinho escolher o Chefe de Governo. As relações serão diferentes quando não há um partido predominante e qualquer escolha passa por diálogos entre todos. Um partido com maioria no Parlamento escolhe um Chefe de Governo com poder de indicar ministros e demiti-los, se necessário;
- o Chefe de Governo escolhido em um Parlamentarismo com bipartidarismo forte é também mais forte do que o Chefe de Governo escolhido em Parlamentarismo multipartidário;
- a característica democrática do Parlamentarismo está exatamente no impedimento de concentração do poder nas mãos de um único político, como é o caso do Presidencialismo, em que o Chefe de Governo e o Chefe de Estado são a mesma pessoa.

Com vários formatos, o Parlamentarismo está muito representado nos governos europeus.

O SEMIPRESIDENCIALISMO, o menos comum dos três, é uma combinação de ambos os sistemas anteriores, com Chefe de Estado e Chefe de Governo dividindo funções entre si. Suas principais características são:

- Chefe de Estado (presidente) é eleito diretamente, como no Presidencialismo, ou indiretamente e tem mais poderes do que o Chefe de Estado do Parlamentarismo;
- Chefe de Governo (primeiro-ministro) é escolhido no Parlamento (Assembleia ou Congresso, conforme o país);
- Chefe de Estado (presidente) e Chefe de Governo (primeiro-ministro) dividem atribuições de Poder Executivo e, por isso, o governo costuma ser mais equilibrado do que nos outros sistemas;
- O Chefe de Estado pode dissolver o Parlamento (Assembleia ou Congresso, conforme o país) e convocar novas eleições;
- O Chefe de Estado (presidente) pode evitar uma decisão do Chefe de Governo, submetendo-a a veto ou referendo popular;
- O Semipresidencialismo tem inúmeras variações de divisão do poder político no comando da nação, detalhes de que só a vivência local permite uma melhor compreensão.

França e Portugal são exemplos, diferentes, de Semipresidencialismo.

Para reflexão

De modo geral, os três sistemas têm prós e contras.

Esses pontos fracos ou fortes estão relacionados à estabilidade de cada sistema, à sua capacidade de administrar conflitos entre os poderes e à eficiência de cada um. Adicione-se a isso a compreensão que nenhum sistema funciona equilibradamente e de forma eficiente sem a vigilância popular. A participação do cidadão e o jogo político ético são a base da estabilidade de qualquer sistema. E mais: talvez não haja um sistema, um regime ou uma forma de governo pronto, acabado, tipo receita testada e pronta para ser usada, sem erros, feito a *pizza* preferida encomendada pelo *delivery*.

> " A participação do cidadão e o jogo político ético são a base da estabilidade de qualquer sistema. "

O que a história da humanidade mostra é que nos regimes autoritários, a força e a violência estão a serviço da ignorância, do atraso, do desrespeito, dos favorecimentos aos amigos, da tortura e fim da liberdade de expressão. A história mostra também que os regimes democráticos avançam no respeito aos direitos, na direção da cidadania, do diálogo, do progresso social e da liberdade. No entanto, nada se constrói sem esforço, sem responsabilidade e sem participação. O Estado democrático precisa ser constantemente vigiado e cobrado. É construção cotidiana de todos. Não há sistemas políticos ou regimes políticos para sempre estáveis. O que há, sempre houve e sempre haverá, é o jogo político e os diversos interesses postos na mesa. Cada um de nós, como jogador interessado, tem que se gabaritar para participar desse jogo. E uma das formas de fazer isso é através do pensamento e da aprendizagem.

Aristóteles, em sua obra *A Política*, afirma que "um governo vai bem quando os três poderes estão acomodados e vai mal quando as diferenças e atritos entre os poderes estão presentes de modo intenso". Essa anotação aristotélica, apontada há séculos, pede nossa reflexão sobre o que embrutece a força da democracia, nos chama à defesa das instituições democráticas e ao fortalecimento da consciência política de todos nós. Neste fortalecimento da consciência política cabem, entre outras causas, a presença da memória política (não esquecer das atrocidades da última ditadura brasileira) e a desvinculação, na governança, entre religião e política (exemplos históricos recentes evidenciam como são nefastos, na defesa de seus ideais, os governos pautados por posturas morais discutíveis de crenças religiosas fanáticas).

Estado, país, nação e povo: é tudo a mesma coisa?

Não são conceitos sinônimos. Apesar da proximidade da significação, cada um tem uma definição. Nem sempre há concordância exata na definição desses termos pelos estudiosos, mas há aproximações de significados que facilitam o seu entendimento. A seguir, faremos algumas considerações e relações de cada um desses conceitos.

Estado

Estado é o nome que damos ao conjunto das instituições de comando de um país. É formado pelo território geográfico, pelas instituições dos três poderes, pelos valores e tradições. O Estado sempre será um agente de poder, de mando, de dominação. Representa o poder político e se impõe sobre os cidadãos (democraticamente ou autoritariamente). Não é a mesma coisa que governo, pois este significa o conjunto de políticos que, por eleição ou por indicação, ocupam cargos nas instâncias dos três poderes. O Estado é duradouro (pode ser mudado, mas não é com frequência); os governos são passageiros (um mandato ou mandatos permitidos por reeleições). Modernamente, após a Revolução Francesa, e com a progressiva eliminação das monarquias e oligarquias, mas em tempos distintos, os Estados foram se constituindo em dois modelos fundamentais: Parlamentarismo ou Presidencialismo. Em ambos os casos com harmonia e dependência entre os poderes, para evitar a concentração de poderes em uma pessoa ou grupo de pessoas. Quando falamos em Golpe de Estado, estamos nos referindo a uma mudança brusca de forma de governo, saindo de um Estado Democrático de Direito (em que os direitos políticos, civis e sociais são respeitados) para um Estado Ditatorial (em que todos os poderes são concentrados na mão de uma pessoa, civil ou

Veja mais sobre esse assunto na página 95.

militar, autoritariamente, e os direitos são abolidos). Chama-se "golpe" porque é uma ação de força, que causa ruptura. Foi, por exemplo, o que aconteceu no Brasil, em 1964, o Golpe de Estado dado pelos militares, com apoio de parcela da elite brasileira, sob o pretexto esdrúxulo de impedir o comunismo no país. No ápice do autoritarismo, em 1968, baixaram o Ato Institucional nº 5, o mais cruel instrumento de poder e mando autoritário, roubando liberdades políticas, de expressão, de imprensa, impondo silêncios, cassações de liberdade, censura pesada, fazendo da tortura e da morte instrumentos de repressão a quem ousasse enfrentar o regime militar. Páginas de histórias que não queremos mais viver. Somente lembrar para conhecer e repudiar.

País

País é o território geográfico, aquele que é indicado nos mapas, a terra onde as pessoas vivem. Um país tem um traçado geográfico com os limites de sua terra, as fronteiras com os outros países, onde acaba um e começa o outro. O Brasil, por exemplo, está geograficamente localizado no continente América do Sul e faz fronteira com muitos outros países, de um lado, e com o Oceano Atlântico, de outro lado. Esses limites e fronteiras, como de resto no mundo todo, foram se constituindo pela posse, pela conquista, pelo enfrentamento, por tratados, trocas, conflitos bélicos etc. De modo geral, a divisão geopolítica do mundo atualmente sofre raras alterações. As que ainda ocorrem são fontes permanentes de conflitos bélicos.

Nação

Nação é o conjunto de características culturais (língua, tradições, costumes, folclore etc.) que compõe a identidade de um grupo de pessoas. Uma nação é anterior ao Estado, pois surge ao longo de períodos extensos da história em que as pessoas vão se agrupando e criando identidades. Nem sempre uma nação tem um território próprio ou um Estado. A nação cigana, por exemplo, fortemente identificada, sem território próprio, cujos indivíduos vivem em diversos territórios. Há casos de diversas nações que vivem em um território, sob o comando de um Estado, e que buscam sua independência. É o caso dos povos basco e catalão, que vivem no território e Estado espanhol, ainda lutam por sua independência e autonomia. Outro forte exemplo é a nação judia que, esparramada pelo mundo, apenas em 1948, no final da Segunda Guerra Mundial e seus horrores, como os campos de concentração, em acordo questionado até hoje, teve o seu território conquistado (Israel) e seu Estado constituído. O conceito mais próximo de nação é o popular "povo".

Povo

A palavra povo tem mais de uma significação. Pode significar o conjunto de pessoas que moram em um determinado país, por exemplo, o povo brasileiro. Pode significar também apenas as pessoas de determinada nacionalidade, independentemente de onde morem ou vivam. Por exemplo, o povo brasileiro, o conjunto dos brasileiros que vivem aqui no Brasil ou em outros países. Povo pode, também, significar o conjunto das pessoas mais simples e sofridas de um país. Nesse caso, tem como sinônimo "povão". A palavra "povinho", existente em nosso vocabulário, tem uma significação maldosa, preconceituosa, significando "pessoas de menor valor e de pouca importância".

Soberania

Soberania é a qualidade concedida a alguém ou instituição de ter poder e domínio superior em comparação com outros. Em Política, a soberania nacional significa o poder que um Estado tem sobre o seu país, sobre seu povo. Atacar a soberania de uma nação é ignorar o seu poder, interferindo em sua autoridade sobre o povo, dentro dos seus limites territoriais. Nenhum Estado pode interferir na soberania nacional de outro Estado, sob pena de deflagrar conflitos políticos e guerras.

Estado Federativo

O Brasil é um Estado Federativo, formado pelo conjunto dos estados (com letra minúscula, para não confundir com o Estado/nação). São os entes federativos, os estados-membros, equivalentes a entidades subnacionais, cada qual com sua autonomia e responsabilidade. Nem sempre os entes federativos e a federação se entendem, haja vista as recentes disputas entre governos estaduais e federal pelo comando das questões relativas à política de saúde para controle da pandemia (ou a ausência de uma política pública para esta ação). Reformas tributárias (criação e extinção de impostos) também são objeto de desentendimentos entre os entes federativos. Quando essas disputas chegam ao limite, o Supremo Tribunal Federal é acionado para pacificar constitucionalmente.

Necropolítica: licença para tirar vidas?

A vida é o maior bem de cada um de nós, humanos e humanas. Pode até ser um chavão dos mais gastos, mas é a mais pura constatação. Nada há de mais importante do que a vida. A história da humanidade nem sempre registra esse respeito: mata-se em nome do poder, da paz, da ordem, da segurança, de territórios, da água, de deus (qualquer que seja o deus amado ou adorado), da riqueza. Os conflitos políticos, desde os gerados pela sobrevivência na Pré-História até os mais complexos instaurados pela cegueira humana das ditas grandes potências, estão presentes em cada página da história oficial da humanidade. O descuido e descaso pela vida (dos outros) parece ser o fio da meada que amalgama a história da humanidade.

Foi o estudioso da Política, intelectual e filósofo camaronês (República dos Camarões – África) Achille Mbembe quem primeiro sintetizou e introduziu nas reflexões o termo "necropolítica", como um termo capaz de dar entendimento e compreensão para a postura dos Estados Modernos e Contemporâneos que usaram ou ainda usam a violência da força, ocasionalmente, em nome da segurança da população, legitimando essa força através de discursos ideológicos, impondo sua visão de mundo. Em muitos casos, como mostra a história da humanidade, o uso dessa força acaba por validar estereótipos, segregações, preconceitos, inimizades ou o extermínio, na maioria das vezes covarde, de determinados grupos. Em nome da segurança de alguns (supremacia alegada ou pretendida por uns), ou em nome de ideias (supremacia de grupos étnicos sobre outros), ou em nome da ordem política, referendam essa "licença para matar". A Escravidão e o Colonialismo são exemplos. As ideias de ameaça, medo e ódio ao inimigo, já existentes desde muito, foram preservadas entre nós, sustentadas pela ambição do domínio, do poder, do imperialismo. Se, em épocas passadas, as guerras eram iniciadas para preservar terras, ampliar territórios e defender soberanos, nos últimos tempos, os conflitos pela hegemonia imperialista se revestem de crueldade e desprezo pela vida sem precedentes. Massacres, extermínios e o violento poder dos regimes totalitários recentes, como o stalinismo e o nazifascismo ou a ditadura militar brasileira, aprofundaram o desprezo pela vida, o culto e os mecanismos de morte e se estendem a outros campos do comportamento, para além das guerras.

Eis a cara nua e crua da necropolítica: "licença para matar" concedida, ou obtida, ou imposta pelo Estado.

Nos atuais regimes políticos autocratas, dada a complexidade da sociedade, os discursos são muito mais fortes do que em tempos anteriores, a necropolítica se instaura entre nós pela difusão de narrativas de poder. E o poder vai construindo por suas narrativas esparramadas em muitas instâncias (redes sociais, discursos políticos, leis aprovadas, escolas desprovidas de criticidade, famílias, igrejas etc.), calcadas no medo, na ameaça, no ódio ao diferente, de tal forma instalados no pensamento e comportamento da maioria de nós, que molda o direito de o Estado ter "licença para matar". Exatamente o contrário do que pressupõe nossa vã filosofia do bem comum da maioria.

E assim vai se construindo a necropolítica: a definição do "corpo matável" (outro conceito proposto nos estudos de A. Mbembe), a definição de quem pode ser morto sem que faça falta à sociedade, sem que cause espanto ou revolta. Nesse segmento estão grupos apartados pelo preconceito (da suposta supremacia branca), pela miserabilidade, pelas péssimas condições de vida e saúde, pelo não acesso aos direitos humanos mínimos e pelo modo de ser, pensar, sentir e agir diferentes (LGBTQIA+, entre outros).

Os discursos expostos frequentemente pelos chamados gabinetes do ódio são um exemplo disso. Embora não façam parte necessariamente de um determinado governo, estão, sim, a serviço de uma ideologia, um modo de pensar o governo e a ordem da sociedade. Cooperam, colaboram e difundem ideias de desprezo ao respeito, às minorias, a determinados grupos sociais. Incitam a inimizade, a segregação, o preconceito e apoiam "licenças para matar". Qualquer estatística sobre a violência policial no país, por exemplo, aponta a prisão e o assassinato de negros em número muito maior do que de brancos. O culto às armas e o armamento indiscriminado da população também se alinham nesta postura.

Veja mais sobre esse assunto na página 73.

Mas não só os negros. Quanto mais frágil for determinado grupo (em classe, raça, gênero etc.) – sejam mulheres, pessoas de orientação sexual diferente, indígenas ou outras minorias –, maior o desequilíbrio entre o poder da vida e da morte sobre esse grupo. Eis uma das razões da presença de inúmeras discussões sobre estruturas preconcebidas de poder na sociedade que, direta ou indiretamente, criam "zonas de morte" aceitáveis e produzem práticas e relações sociais desiguais, cujos efeitos são notórios.

Finalizando estas brevíssimas considerações sobre o assunto, que merecem ser mais aprofundadas, vale lembrar que o sentido da existência de um Estado organizado é deixar claro os limites entre o direito à vida e a violência e a morte. Ou será que William Shakespeare tinha – e ainda tem – razão ao escrever, via voz da personagem Rei Lear, que "o mundo é liderado por loucos seguidos por cegos"?

> "A busca do bem-estar comum, sentido da Política, deve guiar as reflexões de todos nós"

A busca do bem-estar comum, sentido da Política, deve guiar as reflexões de todos nós, afastando e criticando visões de adoradores da morte, de loucos por guerra, de influenciadores do ódio, de negacionistas, preconceituosos e supremacistas. Somos todos portadores dos mesmos direitos.

É isso ou a barbárie!

Regimes ditatoriais, censura e falta de liberdade

Há uma relação direta entre a censura e a falta de liberdade presente nos regimes ditatoriais. A força bruta, a violência e o calaboquismo impõem o silêncio, o pensamento único. Isso é muito fácil de perceber e não é difícil encontrar explicações. O que leva um grupo de políticos, geralmente composto exclusivamente por homens, a impedir, pela força e pela violência, a livre manifestação, a contradição, a visão diferente, a pluralidade e a diversidade? Arrisco algumas tentativas de explicação para tanto: o medo de enfrentamento, a pouca cultura para enfrentar o diálogo discordante, o preconceito contra o que não é igual, preconceitos históricos e... uma postura pouco alicerçada que prefere desqualificar e aniquilar o diferente a dialogar, apostando na manutenção dos privilégios das elites e na exploração dos trabalhadores. E para manter o poder, conquistado pela força de um golpe, usam a censura e suas consequências.

Censuram, limitam, cerceiam a liberdade de expressão, omitem, prendem, impõem um toque de recolher intelectual, artístico e crítico. Não é por outra razão que os regimes ditatoriais atacam, prendem, exilam ou dão cabo primeiramente de artistas, de intelectuais, de estudantes e educadores. As plataformas de informações das artes (teatro e música, em especial), da educação (universidades, em particular) e da imprensa livre são vigiadas, cerceadas, censuradas, afastadas e punidas. Para uns, o exílio voluntário; para outros, o exílio forçado, alguns clandestinamente em fuga, e para outros a tortura, a fuga ou a morte. O medo imposto por estes instrumentos se alastra e fecha a boca, turva os olhos, cerca a sensibilidade.

Sempre é bom lembrarmos, pois a memória é uma forma de vida, que recentemente, em nosso país, passamos por um regime forte, autoritário e ditatorial que agiu dessa forma. Depois de tomar o poder por um golpe de força (1964), os ditadores, incapazes de conviver com a liberdade de expressão e com a crítica, partiram para o ataque com todos os instrumentos possíveis e disponíveis: censura, propaganda política massiva do regime, vigilância, tomada dos direitos políticos, cassação de cátedras, proibição de eventos de arte, prisão, tortura e exílio forçado. Depois do golpe, com a reação contrária dos grupos e movimentos democráticos, culminando com as manifestações e reações pela democracia em 1968, a ditadura baixou o Ato Institucional n. 5, em dezembro, fechando de vez o regime e instituindo de forma cabal a proibição de liberdade de expressão e manifestação, o medo, a tortura, a perda de direitos políticos, a censura e propaganda ideológica. É desse período, um pouco antes e um pouco depois, ações covardes e violentas, tais como: do Comando de Caça ao Comunismo (CCC) espancando atores do espetáculo Roda Viva, no Teatro Galpão em São Paulo, no Teatro Opinião, no Rio de Janeiro, e participação intensa na chamada Batalha da Maria Antônia, em São Paulo, contra os estudantes militantes da esquerda; explosão de bombas, por militares linha-dura, em espetáculo comemorativo do Dia do Trabalhador, em 1981, no Centro de Convenções Rio-Centro no Rio de Janeiro; dispersão violenta do movimento estudantil da época, uma força política atuante através da União Nacional dos Estudantes (UNE), com a prisão arbitrária de vários de seus líderes, proibição de manifestações livres, cassação de políticos e de professores, proibição de músicas ("Pra não dizer que não falei das flores", também conhecida como "Caminhando", de Geraldo Vandré, o caso mais emblemático), exílio forçado ou voluntário de muitos intelectuais e artistas (Caetano Veloso, Gilberto Gil, Chico Buarque, Geraldo Vandré, por exemplo). O projeto Brasil Nunca Mais, capitaneado por D. Paulo Evaristo Arns, gestado durante anos e publicado em 1985, é um documento triste sobre os horrores da violência contra brasileiros e brasileiras que ousaram lutar pela democracia durante o regime militar. Faz parte também desse período, a partir do fechamento cruel do regime, em 1968, a instalação e o endurecimento da censura nos meios de comunicação de massa, tevê e jornais. É da lembrança de quem viveu essa época as publicações do Jornal da Tarde, jornal do grupo Estadão, com receitas culinárias nos espaços de onde foram tesouradas as matérias censuradas. É desse período também a proibição da primeira versão da novela *Roque Santeiro*, de Dias Gomes, em 1975, refeita depois, em 1985, já com as pernas do regime bambas e trôpegas. Há muitos episódios cômicos sobre a censura, tida como dura e obtusa. Até seria cômico, se não fosse trágico.

Alguns anos depois, em 1988, foi aprovada uma nova Constituição, que vigora, com emendas, até hoje, em que, entre tantas outras conquistas, fica garantida a liberdade de expressão e liberdade de imprensa.

Enfim, é essa relação de medo profundo do divergente, da opinião contrária e da falta de capacidade para o diálogo com a diversidade e pluralidade, que levam ao emburrecimento e consequente embrutecimento do regime. Não só na política, mas principalmente nela, como também em todas as relações sociais, o diálogo deve prevalecer sobre a força, o conhecimento deve prevalecer sobre a ignorância, a liberdade sobre a censura e a democracia, por mais imperfeita que seja, sobre a ditadura.

> *"em todas as relações sociais, o diálogo deve prevalecer sobre a força, o conhecimento deve prevalecer sobre a ignorância, a liberdade sobre a censura e a democracia, por mais imperfeita que seja, sobre a ditadura."*

Golpe de Estado: rabiscos políticos de cores violentas

Assunto pesado, sério, preocupante e sempre atual. Há muitas análises políticas sendo feitas, ou já feitas, analisando o contexto político em que se dá, se deu e pode se dar um Golpe de Estado. E como as forças democráticas podem reagir e resistir. Há argumentos razoáveis de ambos os lados.

E o que é um Golpe de Estado?

No significado corriqueiro da palavra "golpe" está, certamente, presente o entendimento de uma ação ardilosa, com tramoias, que indica ruptura com o uso de força. "Estado" é um conceito mais complexo, pois nos pede para entender que Estado é o conjunto de instituições e seu aparato administrativo (aí incluídas as Forças Armadas, cuja função básica é proteger o Estado, as fronteiras e os cidadãos, além de manter a ordem democrática vigente) que um país tem formatado num regime político adotado, baseado em sua Constituição. Neste sentido, podemos falar de um Estado autoritário e de um Estado democrático. Estado não se confunde com Governo. Governo é o grupo de pessoas que exerce o Poder Executivo de comandar os rumos do país, ditatorial ou democraticamente, conforme seu regime político. No Estado autoritário, o poder é exercido por um civil, com apoio das forças militares, ou por um militar claramente apoiado por estas forças. Está centrado em um poder apenas, mantendo os demais poderes suspensos ou mantidos *pro forma*, sem atuação decisiva, impondo um claro desequilíbrio entre os poderes (da República). Não há eleições para os cargos do Poder Executivo, pois ditadores vão se perpetuando ou sendo substituídos, sem votos e sem eleições, ou indicados por junta militar. O Poder Legislativo, ainda que eleito, não tem força e é extremamente limitado em suas ações por instrumentos institucionais de exceção, como foi feito pelo torturante Ato Institucional n. 5, de 1968, da ditadura militar. No Estado democrático, o poder é exercido por uma pessoa, que o divide com os demais poderes e instituições. Os poderes não estão concentrados e são constitucionalmente divididos entre Executivo, Legislativo e Judiciário. Nesse sentido, chamamos de Estado de Exceção o regime autoritário em que os direitos civis e políticos não são respeitados e o uso da força e da repressão estão presentes para manter a ordem e a obediência; assim como falamos de um Estado de Direito para o regime democrático, com as liberdades civis e políticas respeitadas.

Entende-se por Golpe de Estado qualquer movimento de força e imposição fora das regras estabelecidas pela Política democrática de uma nação, mudando a cara e a configuração dos poderes até então estabelecidos. Golpe, porque é um movimento inesperado e forte; de Estado, porque é dado contra as forças legais estabelecidas e em vigor em um país, em determinada época. O objetivo do Golpe de Estado é tomar o poder, derrubando ilegalmente um governo eleito constitucionalmente, ou reforçar o poder em outra direção. Vale também considerar que um Golpe de Estado pode ser implementado aos poucos, dando sinais claros de suas medidas autoritárias: manifestações públicas contra a imprensa livre, a favor da censura, contra as instituições democráticas, contra a liberdade e contra as garantias constitucionais.

Grande parte dos Golpes de Estado, na segunda metade do século passado, foram dados por militares, no Brasil, no Chile e na Argentina, por exemplo, transformando regimes democráticos em cruéis e sangrentas ditaduras. No Brasil, um clássico Golpe de Estado foi dado no dia 31 de março de 1964 (e mantido com mão de ferro nos anos seguintes), quando os militares, sob a falsa alegação de que corríamos risco de instituição do comunismo no país, e apoiados por empresários, setores da classe média das cidades, produtores rurais e partidos conservadores, depuseram o presidente João Goulart. Uma série de medidas de

> **"um golpe tende a se sustentar apenas pela força, pela censura e violência, e pela supressão total de liberdade."**

força, repressão e censura calaram a boca dos brasileiros por um bom tempo. O que se viu e se viveu nos chamados anos de chumbo da ditadura militar foi o endurecimento do regime, estampado na face cruel da morte e da tortura, prisões arbitrárias, opressão, falta de liberdade em todos os sentidos, perda dos direitos democráticos. Razão pela qual é chamado de Estado de Exceção, em contraposição ao Estado Democrático de Direito. Um Estado de Exceção se caracteriza pela suspensão das referências constitucionais e democráticas, com o exercício do poder centrado em apenas um dos poderes da República, daí o desequilíbrio. Por isso, um regime autoritário imposto por meio de um golpe tende a se sustentar apenas pela força, pela censura e violência, e pela supressão total de liberdade. Com o tempo perdem essa força, são criticados e condenados pela sociedade civil e acabam cedendo à força da democracia.

Um regime autoritário, efetivado por um Golpe de Estado, não tem legitimidade e vai contra o que a humanidade tem de mais seu: a liberdade. Esse argumento nos obriga a um estado permanente de alerta e de atenção aos movimentos dos conspiradores autoritários, e nos pede manifestação contra qualquer tentativa de mudança de regime. É o custo que temos e devemos à continuidade do aperfeiçoamento do regime democrático.

Atos Institucionais: licença para censurar, calar a boca, torturar e matar

Voltamos a falar de regimes políticos autoritários e ditatoriais, assunto sempre em pauta, na precária consciência política brasileira. Regimes autoritários, em que o convencimento pelo diálogo e respeito às liberdades inexistem, pautam-se pelo uso da força e violência física, pela disseminação do medo e por instrumentos ilegais de sustentação do poder. Política é entendida por muitos pensadores como a arte do diálogo, e onde não há diálogo é a força bruta e estúpida que predomina. Uma dessas forças foi, na ditadura militar, o conjunto dos Atos Institucionais, dezessete ao todo. Esses atos, decretos baixados pela junta militar que comandava o país, foram utilizados para dar legitimidade à ação política do regime militar (censura, tortura, mortes, cassação de mandatos, fechamento das casas legislativas etc.). De certa forma, esse conjunto de atos institucionais foi o aparato jurídico criado pelos mandatários da ditadura como forma de legitimar o poder ditatorial, ampliando o poder do Executivo.

> **" aparato jurídico criado pelos mandatários da ditadura como forma de legitimar o poder ditatorial, ampliando o poder do Executivo. "**

Não só os atos institucionais, mas também outras leis aprovadas nesse período, como a Lei de Segurança Nacional e a Lei da Imprensa, ambas de 1967, formavam esse arcabouço jurídico para o exercício do mando ditatorial. Nesse sentido, é possível falar de um terrorismo do Estado: o Estado não como garantia de liberdades democráticas, mas um Estado autoritário que governava pelo assédio, pelo medo, pela supressão da liberdade. Esses atos e algumas leis aprovadas pelo regime mantinham a ditadura, sustentando-a com esse aparato, ignorando leis anteriores ao golpe dado em 1964. Reforçavam a postura de que eles eram o poder, deles emanavam as regras e leis e eles as exerciam. Em 1968, foi baixado o Ato Institucional n. 5, o mais cruel, mais feroz, mais avassalador de todos. Institucionalizou de vez a violência do Estado contra quem criticava ou não apoiava a ditadura. Foi publicado em meio a uma onda crescente de manifestos contra a ditadura, de estudantes e trabalhadores, intelectuais e artistas. Uma dessas manifestações foi a Passeata dos Cem Mil, no Rio de Janeiro, com a presença de líderes sindicais, políticos, estudantes, trabalhadores e artistas. Ditadores têm medo da manifestação contrária do povo e reagem com força e violência. Segundo muitos, no entanto, o estopim da edição do AI-5 teriam sido dois discursos do deputado Márcio Moreira Alves, do MDB, propondo o boicote ao desfile militar de 7 de setembro e atribuindo às Forças Armadas a responsabilidade de ser um abrigo de torturadores. Mero pretexto, pois a violência estava encalacrada no cerne da ditadura, que não tinha outra forma de mediação de conflitos. Publicado no governo do general Artur Costa e Silva, em 13 dezembro de 1968, prenunciador de tempos de chumbo, de repressão e perseguição, essa "minirreforma constitucional" trazia, em seus mandos, entre outras prerrogativas: poder fechar as casas legislativas (Senado, Câmara Federal, Assembleias Legislativas e Câmaras Municipais); poder decretar intervenção nos municípios e estados, nomeando interventores; poder cassar mandatos de políticos; proibir *habeas corpus* a quem fosse acusado de cometer crimes políticos; desobrigação de explicar à justiça qualquer ação realizada com base nesse ato institucional. Ou seja, embrutecimento e fechamento total do regime. Tudo isso em meio a campanhas massivas de patriotismo duvidoso, ironizado pela frase "morrer pela pátria e viver sem razão", como cantamos muito com os versos de "Pra não dizer que não falei das flores", música de Geraldo Vandré, canção-símbolo da luta contra a ditadura. Ou em campanhas publicitárias "Brasil: ame-o ou deixe-o", embaladas por músicas melosas de apoio às maravilhas de um pretenso novo país, cujo *slogan* era "Pra frente, Brasil!". Com total apoio da grande mídia e da elite brasileira. O Ato Institucional n. 5 deixou marcas profundas na história recente do país: emburrecimento da consciência política, sumiço de lideranças, afastamento de todos das discussões políticas e, sobretudo, sofrimento sem tamanho pelo desaparecimento de muitos brasileiros, morte violenta de outros tantos.

Foram quase vinte anos de luta, pós-AI-5, com denúncias, processos na Justiça, conquistas políticas, movimentos pró-democracia, movimento internacional pela anistia, diretas já, entre outros. Tudo isso enquanto, de peito aberto, entoávamos outro hino do cancioneiro popular brasileiro, "apesar de você, amanhã há de ser outro dia", de "Apesar de você", do Chico, o Buarque de Holanda de todos nós.

Estes momentos de inarráveis truculências devem estar presentes na memória e às mãos para cobrarmos os desavisados, desmemoriados ou mal-intencionados que pedem a volta do horror de um Estado violento.

O tamanho do Estado e os serviços públicos

Uma mentira pode ser dita tantas vezes e de forma tão insistente, que podemos pensar que seja verdade. Um exemplo disso é a ideia de que o Estado é muito grande e precisa ser enxugado para diminuir os gastos. Chamo de Estado, para esta discussão, em uma definição aligeirada, o conjunto do aparato do nosso sistema político, dos três poderes da República, da base jurídica que organiza nossa sociedade e do sistema de arrecadação de impostos e sua aplicação. Isto posto, vamos aos fatos. Não é de hoje que somos martelados insistente e frequentemente de todos os lados, por políticos, empresários e mídia com a ideia de que a causa do nosso infortúnio econômico é o tamanho do Estado. Essa é uma questão que assola a humanidade desde os primeiros aglomerados humanos que constituíram uma organização política para administrar coletivamente os problemas da vida em comum. A discussão não é nova, vem de longe e vai continuar ainda, pois, no fundo, essa é uma escolha que deixa claro de que lado cada um está. Sem o rigor técnico político e econômico, ouso acrescentar alguns pontos sobre o assunto.

Primeiro: essa questão é quase uma premissa falsa, pois o tamanho do Estado desejado está diretamente relacionado ao tamanho da prestação de serviços que se pretenda que este Estado desempenhe. Se quero um Estado que dê conta das demandas sociais e do bem-estar de seus cidadãos, o tamanho será um; se, no entanto, quero um Estado mínimo, pequeno, enxuto, que coloque tudo nas mãos da iniciativa privada e pouco ofereça aos cidadãos, o tamanho será outro. Em um país em que a maioria da população passa necessidades elementares, o Estado não pode ser mínimo; precisa ter o tamanho da demanda do povo.

Segundo: não podemos ceder à hipocrisia de optarmos por um Estado mínimo na oferta de obras e serviços e proteção social que, na outra ponta, seja um Estado de voraz apetite para a arrecadação de impostos, como é o caso do nosso. A comida que chega à mesa (quando chega) vem salgadamente multitributada. O transporte público (onde tem) oferece um serviço ruim e caro, também multitributado. O imposto de renda que os assalariados pagam – talvez sejamos os únicos a alimentar o apetite do leão, visto que empresários têm muitas formas de burlar ou sonegar esse imposto – é altíssimo, guiado por uma tabela que é precariamente sub-reajustada há muitos anos. Este é um aspecto importante dessa discussão: rever impostos, tipos, quem deve pagar e cobrar as dívidas bilionárias que grandes corporações têm com o Estado. Tomando um breve exemplo: no estado de São Paulo, o governador preferiu aumentar impostos nos salários recolhidos na fonte de seus servidores, inclusive dos míseros proventos dos aposentados, a cobrar dívidas bilionárias que grandes empresas têm com o Estado.

Terceiro: está embutida nessa discussão a falsa ideia de que serviços públicos prestados pela iniciativa privada são melhores. Nada mais melancolicamente falso. Os serviços prestados pelos privatistas, sempre de olho na receita gorda que estas tais privatizações oferecem, são enxutíssimos, deixam de fora a maioria dos cidadãos que precisam do serviço oferecido e exploram até o último fio de cabelo os trabalhadores. E como argumento, também falso, para sustentar essa defesa, alegam que a qualidade do serviço público prestado pelos servidores públicos é de baixa qualidade. Fazem isso depois de levarem à exaustão os recursos dos serviços públicos. Matam por inanição. E mais: o custo do serviço público privatizado é extremamente mais caro, além de limitar muito o número de atendidos, do que o serviço público oferecido diretamente pelo Estado.

Quarto: o tamanho do Estado desejado e necessário está diretamente relacionado às prioridades e qualidade do uso do dinheiro público. Não será, por exemplo, aumentando substancialmente as verbas para gastos com publicidade; também não será com a construção de obras sem sentido ao custo de dezenas de creches – uma real necessidade do povo – e, certamente, não será com gastos superfaturados, uma das caras cruéis da corrupção nacional, que estaremos contribuindo para a discussão do tamanho do Estado que queremos e precisamos. O controle efetivo e honesto dos gastos do Estado deve balizar essa discussão. Algo que pode ser feito pela participação no orçamento e pela transparência real dos gastos.

Por último, sem esgotar a discussão, vale a pena refletir sobre isso à luz do momento em que vivemos, com descontrole dos governantes, desassistência aos que precisam, e consciência de que o que mais tem funcionado nesta calamidade federal que vivemos é a qualidade do, embora exaurido, serviço público de saúde que se desdobra e se multiplica para suprir as enormes falhas dos que nos desgovernam.

Os Poderes e a Constituição

Constituição Federal: um diálogo permanente com nossas garantias e conquistas

A Constituição de uma nação é uma lei ampla, aplicável a todos os cidadãos de um país, com normas gerais abrangentes, que tem a função básica de organizar a vida política, social e econômica dos cidadãos. Por isso, recebe o codinome informal de Carta Magna. Carta, porque traz os escritos legais; e Magna, porque é, entre todos os documentos legais de uma nação, o maior, o mais importante. Uma Constituição delineia limites, marcos regulatórios, comportamentos, costumes, a arquitetura dos direitos e deveres e a relação de harmonia e interdependência dos três poderes. Pendências jurídicas constitucionais são resolvidas no Supremo Tribunal Federal.

Já tivemos sete Constituições: uma na Monarquia e as demais na República. Três foram outorgadas (impostas, de cima para baixo, sem consultas) e quatro foram promulgadas (aprovadas pelo Congresso após processos de participação e discussões políticas).

Veja uma brevíssima história cronológica das sete Constituições brasileiras:

1824 – Primeira Constituição (outorgada pelo Imperador D. Pedro I).

1891 – Primeira Constituição da República (promulgada pelo Congresso Constitucional).

1934 – Primeira Constituição do governo Getúlio Vargas (promulgada pela Assembleia Constituinte).

1937 – Segunda Constituição do governo Getúlio Vargas (outorgada por Getúlio Vargas).

1946 – Nova Constituição da República (promulgada por Eurico Gaspar Dutra). Em 1961, sofreu uma reforma, com a adoção do Parlamentarismo. Em 1963, por plebiscito, voltamos ao Presidencialismo.

1967 – Primeira (e única) Constituição do Regime Militar instituído pelo Golpe de Estado de 1964. Oficializa todos os atos arbitrários e autoritários, principalmente os Atos Institucionais da ditadura militar. Foi promulgada pelo Congresso, onde o governo tinha maioria folgada para aprová-la. Em 1969, é alterada pela Emenda Constitucional n. 1, que incorpora principalmente o disposto no Ato Institucional n. 5: mantém o bipartidarismo, a censura, o poder supremo do presidente de cassar mandatos, suspender direitos e legislar sem precisar da discussão do Poder Legislativo. Do ponto de vista prático, o Poder Executivo, como cabe no figurino dos regimes ditatoriais, chama para si os poderes Legislativo e Judiciário, substituindo-os sempre que quiser.

1988 – Primeira Constituição da Nova República, promulgada por José Sarney. É a chamada Constituição Cidadã, pois traz para a cena principal os direitos dos cidadãos. Indiscutivelmente esta Carta Magna, a mais cidadã entre todas, resultado de uma Assembleia Nacional Constituinte eleita para discuti-la e aprová-la, registra em seus artigos inúmeras conquistas sociais, políticas e trabalhistas fruto de muitas lutas demandadas pela sociedade civil, movimentos, sindicatos, ao longo dos anos anteriores a 1988, pós-ditadura. Entre outras conquistas, é a primeira Constituição que permite à iniciativa popular apresentar propostas de emendas. Garantiu o voto para analfabetos e o voto facultativo para jovens de 16 a 18 anos. Reafirma o pluripartidarismo e iguala direitos entre homens e mulheres. Garante a liberdade de imprensa e de expressão e estabelece a educação como direito das crianças e jovens, dever do Estado. No seu artigo 60, parágrafo 4º, estabelece quais são as cláusulas pétreas, que não podem ser mudadas.

Ressalte-se a importância de uma Constituição em uma sociedade democrática: é ela que orienta, organiza e dá parâmetros para a vida no Estado Democrático de Direito, entendido como o exercício do sufrágio universal, a predominância da escolha da maioria, respeitando-se as minorias, garantia da liberdade de expressão e comunicação, o pluripartidarismo e a participação livre por meio de associações, ONGs, ou por formas concedidas tipo plebiscito, referendo, iniciativa popular, audiência pública, conselhos e assembleias nacionais. Como, geralmente, uma Constituição não dá conta de cobrir toda gama de comportamentos e necessidades de uma sociedade, por um período muito longo, torna-se necessário que alguns de seus artigos sejam: a) modificados, através de projetos de emenda constitucional (PEC), tramitados e aprovados pelo Congresso Nacional, e b) regulamentados por leis infraconstitucionais também aprovadas pelo Congresso. Um ligeiro retrospecto das emendas constitucionais nesses últimos anos nos dá conta de perdas de direitos sociais e trabalhistas (PEC 241/2017 e PEC 32/2020), perda de direitos na aposentadoria e aumento de descontos salariais da previdência (PEC 06/2019 – aprovada e transformada na Emenda Constitucional 103/2019), perda de direitos trabalhistas (PEC 186/2021). Em todas essas PECs há uma visão econômica, em prejuízo do social e dos trabalhadores, pois privilegiam o capital, o rentismo, o sistema bancário e as empresas privadas. É provável que a única PEC desse período, aprovada com muito esforço da sociedade civil, com ganhos para a educação, seja a PEC 26/2020, do Fundeb, sancionada como Lei n. 14.113/2020. Mesmo nesta, se não ficarmos de olho na legislação infraconstitucional, corremos o risco de ter esse ganho voltando para o bolso do privatismo.

> Estado Democrático de Direito é a forma de organização do poder de uma nação, estruturado na relação harmônica e autônoma dos três poderes, que governam em comum acordo com a Sociedade Civil, sob a égide da Constituição e em respeito aos direitos do cidadão. É um Estado (conjunto do aparelhamento legal e institucional) Democrático (com base no respeito ao exercício independente dos três poderes e da observação dos preceitos constitucionais) de Direito (garantia de respeito aos direitos civis e políticos dos cidadãos).

O equilíbrio e a harmonia entre os três poderes, bem como o respeito à Constituição Federal, garantem o Estado Democrático de Direito, mas é sobretudo a participação e a vigilância sobre os processos legislativos e movimentos da/na Política que garantem nossas liberdades, direitos e democracia.

A Constituição deveria ser o nosso livro de cabeceira.

Os traços autoritários do Poder Executivo

O bordão linguístico, dito pelo ex-ministro da Saúde, na recente Comissão Parlamentar de Inquérito (CPI) da covid-19, "um manda e o outro obedece", explica muitas atitudes na Política brasileira atual. Esse lema, *slogan*, tem larga presença na cultura popular brasileira através de seu similar "manda quem pode e obedece quem tem juízo". Explica, mas não justifica o autoritarismo que grassa entre nós, desde o comportamento político dos governantes de plantão nos cargos do Poder Executivo, até o comportamento cotidiano de chefes, diretores, pais etc. Há razões históricas – ou motivos explicativos – para esse comportamento autoritário. Ao longo dos tempos, nossa história oficial foi marcada por sucessivos golpes de Estado, todos eles com a marca forte do autoritarismo, do mando centralizado. Somente nos últimos oitenta anos – o que é um tempo muito pequeno para análises históricas –, os golpes foram sucessivos e sempre visando à troca do poder, e não necessariamente a troca de relação entre os poderes e entre os poderes e os cidadãos, numa perspectiva democrática e participativa. Lembremos de Getúlio Vargas; do golpe do Parlamentarismo, em 1961, para impedir a ascensão de um governo democrático; o golpe militar de 1964 e o golpe parlamentar de 2016. Em todos esses movimentos políticos sempre havia por trás e na base uma preocupação em manter no poder os mesmos grupos autoritários de sempre e nunca qualificar as relações de compartilhamento do poder de mando e decisão. É bem verdade que a Constituição Federal de 1988, apesar dos inúmeros avanços democráticos, tentou equilibrar um pouco as relações entre os três poderes da República, principalmente valorizando as funções do Poder Legislativo, mas acabou por deixar marcos desse autoritarismo do Poder Executivo.

> "um manda e o outro obedece"

> "manter no poder os mesmos grupos autoritários de sempre e nunca qualificar as relações de compartilhamento do poder de mando e decisão."

Exemplos dessa marca autoritária podem ser encontrados na possibilidade e competência de editar Medidas Provisórias – com força de lei mesmo antes de serem aprovadas –, no poder de iniciar processos legislativos – o número de leis aprovadas por inciativa do Poder Executivo é muito grande – e no poder de veto total ou parcial a projetos de lei aprovados por iniciativa do Legislativo. Além disso, há uma enorme concentração de poder na proposição do orçamento e de arrecadação, o que permite ao Executivo tecer inúmeras barganhas políticas com o orçamento. Exemplo dessas barganhas autoritárias e escondidas é a recente denúncia do tal "orçamento secreto", atuação política do Executivo federal que busca comprar literalmente o apoio político de membros do Legislativo visando à sustentação de seu governo. Dessa forma, atropela uma das funções básicas do Legislativo, que é a de fiscalizar o Executivo. Outra barganha política com o dinheiro do orçamento é a chamada composição de governo de coalizão: sob a forma de aparente ampliação do mando e da decisão, supostamente divididos entre os vários partidos que compõem essa coalizão, na prática acaba sendo mais uma forma de divisão do

Veja mais sobre esse assunto na página 152.

butim para manutenção dos parceiros na obediência cega de que nos lembra o bordão do ex-ministro e o provérbio popular. Politicagem autoritária e centralizada. Esses fatos, de certa forma, refletem em nossa vida, com a reprodução do mando autoritário e centralizador em todos os cargos de chefia, de ponta a ponta da organização social, do chefe de família ao prefeito local, passando pela autoridade religiosa, pelo diretor de escola, pelo dirigente sindical, pelo discurso preconceituoso etc.

O que nos cabe, após estas breves reflexões, é considerar a possibilidade de reverter esta cultura política por leis, por votos e por comportamentos que desconstruam a ideia historicamente construída de que "uns mandam e outros obedecem" ou de que "manda quem pode e obedece quem tem juízo". É chegada a hora de pensarmos e agirmos considerando que o mando e o poder são constituídos e podem ser destituídos diante de comportamentos autoritários e considerando-se também que tanto o mando quanto a obediência devem ser pautados pela lógica da democracia, do interesse da maioria.

Não é de hoje que sabemos que duas ou mais cabeças podem pensar melhor do que apenas uma.

Freios e Contrapesos: os limites dos Três Poderes da República

A noção de freios e contrapesos, na formulação de regimes políticos do poder dividido em três (Executivo, Legislativo e Judiciário), vem de longe na história da construção da democracia. Foi o filósofo francês Montesquieu, que viveu a plenitude de sua vida e obra na primeira metade do século XVIII, em seu seminal livro *O Espírito das Leis*, que formulou a teoria dos três poderes, independentes e harmônicos, tomando como base ensinamentos propostos por Aristóteles, em sua obra *Política*, e John Locke, na obra *Segundo Tratado do Governo Civil*. Em sua análise dos sistemas de governo, à época, identificava três formas: o despotismo, a monarquia e a república. Sua proposta, presente até os dias de hoje, tinha o claro princípio de combater as formas autoritárias de governo (despotismo e monarquia) e pleitear, como a melhor forma, a república, em que a liberdade era fundamental e tirava das mãos de uma única pessoa ou de um grupo pequeno a concentração do poder político em uma nação. Na sequência, sob a influência dessa teoria, em 1789, a Declaração Francesa dos Direitos do Homem e do Cidadão, em seu artigo 16, consolidava o mando tripartido. Baseia-se, certamente, na colocação de limites (freios) e na proposição de equilíbrio (contrapesos) para a ação política dos três poderes. Há de se acrescentar a esses dois atenuantes um terceiro, que embora não esteja explícito, talvez seja o mais apropriado: a necessidade de diálogo entre os poderes, com base no respeito às atribuições constitucionais e na responsabilidade que o poder de decisão impõe.

> "na colocação de limites (freios) e na proposição de equilíbrio (contrapesos)"

A separação das funções estatais (o exercício do poder em nome do Estado), nos regimes de direito democrático, dá a cada um dos poderes estabelecidos, eleitos ou escolhidos conforme determina a Constituição Federal, autonomia para o exercício do poder e impõe harmonia entre si, evitando-se assim que ocorra abuso de cada um deles. Em nosso país, cuja história é tristemente marcada por abusos de poder, seja na época do colonialismo e mesmo depois da independência (na Monarquia, o poder concentrado nas mãos do imperador, e na República, por sucessivos golpes de Estado, do getulismo à ditadura militar, passando pelo golpe parlamentar de 2016), tivemos na Constituição Federal de 1988 uma grande conquista: o princípio da separação dos poderes, uma cláusula pétrea, dispositivo constitucional que não pode ser alterado nem mesmo por uma PEC (Projeto de Emenda Constitucional). As cláusulas pétreas estão descritas no Artigo 60 da Constituição Federal, referendando o que já está estabelecido no *"Artigo 2º: São poderes da União, independentes e harmônicos entre si, o Legislativo, o Executivo e o Judiciário".*

Talvez valesse a troca dos adjetivos "independentes e harmônicos" por "autônomos, mas interdependentes e obrigados ao diálogo e respeito mútuo", mas isso é conversa para outra ocasião. De qualquer forma, estão estabelecidas as funções básicas de cada poder:

- Poder Executivo: governar o povo e administrar interesses públicos, conforme determinam as regras constitucionais e demais leis;

- Poder Legislativo: propor e aprovar leis, observar o seu cumprimento e fiscalizar as ações do Executivo;

- Poder Judiciário: garantir direitos coletivos, individuais e sociais, mediar e solucionar conflitos entre cidadãos, grupos, organizações civis e instâncias políticas do Estado.

Evidentemente, estas funções aqui sumariamente descritas são pormenorizadas por outros tantos documentos legais, nem sempre facilmente identificados pelos cidadãos. E também os freios e contrapesos nem sempre são claramente identificados ou percebidos, mas têm sido, nesses quase quarenta anos de vigência da atual Constituição Federal, uma forma de assegurar o Estado Democrático, em que pesem os traços autoritários do Poder Executivo estabelecidos legalmente (conversas de bastidores dão conta de que foi necessário ceder para que se pudesse aprovar alguns avanços das discussões da Assembleia Nacional Constituinte que aprovou a atual Carta Magna). Por outro lado, parte do desencanto de muita gente com a Política nacional se deve à pouca valorização que o próprio Poder Legislativo dá a si próprio, abrindo mão de sua função típica de fiscalizar ações do Poder Executivo para se constituir em mero cartório carimbador de todas as ações deste poder, em troca de emendas, cargos e outras regalias, enfraquecendo o uso dos freios e contrapesos. Nesses tempos atuais, em que a necropolítica, o negacionismo, o deboche aos direitos sociais e das minorias e o namoro escancarado com o autoritarismo dançam seus passos macabros diante dos nossos narizes, a função típica do Poder Judiciário, de resguardar o cumprimento de nossas leis fundamentais, entre as quais a Constituição Federal, tem sido fundamental, principalmente pelo Supremo Tribunal Federal, corte suprema brasileira que tem se posicionado de modo firme contra esses abusos, mostrando-se um bom exemplo do que são os freios e contrapesos. O *impeachment* é outro exemplo de freio, ainda que o último deles (2016) tenha a cara lavada de golpe parlamentar político.

De qualquer forma, a ideia dos freios e contrapesos, mais do que mostrar os poderes e suas prerrogativas, muitas vezes aponta um isolamento vociferante e inútil e provocador, quando, na verdade, deveria ser o convite perene ao diálogo dos três poderes e o fortalecimento de suas decisões favoráveis à democracia, uma vez que a animosidade entre os poderes, acima de evidenciar "quem pode mais", cumpre função de desestabilizar nosso Estado Democrático de Direito.

Conhecer e respeitar os freios e contrapesos, para poder entender e cobrar os políticos, escolher bem em quem votar e estar atento(a) aos lances do jogo político são requisitos do cidadão ativo.

Participação e suas afinidades: diálogo, representação, fiscalização

Diálogo e participação: pilares da vida política democrática

Se há duas atitudes que sustentam e dão corpo à natureza política humana, estas são o diálogo e a participação.

Diálogo

Diálogo, na língua grega *diálogos*, e na língua latina *dialogus*, significa um punhado de coisas: conversa entre pessoas, fala de personagens no teatro ou nos textos literários, entendimento, busca de solução para um problema. Em todas as significações, um diálogo só pode ser realizado entre duas ou mais pessoas. Se for a fala de um só, não é diálogo, é monólogo. Diálogo, quando se pensa no entendimento, exige que os interlocutores – as pessoas que conversam – precisam ouvir um a fala do outro, devem respeitar a fala do outro e tentem chegar a um entendimento. O entendimento, fruto dessa negociação, será sempre um ganho. Se apenas um dos interlocutores fala e quer impor a sua fala, isso não é diálogo: é um monólogo autoritário.

Dialogar dá trabalho. É preciso paciência e tolerância para levar adiante um bom diálogo. Mas é o jeito melhor de buscar entendimentos quando há ideias, vontades e jeitos de pensar e agir diferentes. Dialogar exige também que tenhamos alguns comportamentos: saber ouvir, pensar e falar quase ao mesmo tempo, pensar rapidamente sobre o que o outro fala.

> **" é o jeito melhor de buscar entendimentos quando há ideias, vontades e jeitos de pensar e agir diferentes. "**

Exige também que tenhamos respeito pelo outro e pelo que o outro fala. Mas é pelo diálogo com os outros que aprendemos. Aprendemos ouvindo, pensando, falando, ouvindo novamente, pensando novamente e falando. As ideias expostas em um diálogo se misturam, e é essa mistura que nos faz aprender um pouco mais. É pelo diálogo que mostramos um pouco do que somos e é pelo diálogo que conhecemos um pouco mais as pessoas com quem convivemos.

Dialogar é viver, pensar, botar pra fora ideias e sentimentos. Sócrates, filósofo grego que viveu no século IV antes de Cristo, difundiu um método, conhecido como maiêutica, que trazia à luz o conhecimento interno de cada um por meio do diálogo.

Participação

Participação é o ato de tomar partido, de fazer parte de alguma atividade, de algum grupo, de alguma instituição. Claro, você há de concordar que desde que nascemos vivemos em grupo e participamos de um grupo. Há dois significados diferentes na ideia de participação. Uma é a ideia de pertencer a um grupo. Quase todos os seres humanos pertencem a grupos, fazem parte de um grupo. O outro significado é viver no grupo, discutir a vida do grupo, dar opiniões, responsabilizar-se por sua parte no grupo. Pense, por exemplo, na sua sala de aula. Você faz parte desse grupo de alunos, mas pode ficar "na sua", chegar quieto e sair calado, não se preocupar com os problemas da classe, não palpitar, não cobrar ninguém por nada, deixar tudo como está. De outra forma, você pode participar realmente da vida desse grupo: discutir, fazer propostas e sugestões, responder e fazer perguntas, conviver com os colegas, trocar trabalhos e figurinhas, fazer amigos, brincar e conviver no intervalo, trocar informações, tarefas e livros.

Há grupos mais organizados dos quais só podemos participar se fizermos inscrição ou filiação, como é o caso dos partidos políticos ou de um curso. Atualmente, através das mídias sociais, podemos participar de vários grupos e discutir virtualmente diversas coisas.

Enfim, participação é um diálogo que você estabelece com as pessoas com as quais vive em um grupo. A lista desses grupos que permitem e pedem a sua participação é grande e vai longe: família, grupo de amigos do prédio, do bairro, da rua, grupo da igreja, turma da escola etc. Bom lembrar que há níveis de participação, que vão desde ser simplesmente consultado para dar uma opinião, até fazer parte do grupo coordenador responsável pela execução das decisões tomadas. Como o diálogo, a participação dá

> **"participação é um diálogo que você estabelece com as pessoas com as quais vive em um grupo."**

trabalho. Exige respeito, atenção, boa vontade, exercício do pensamento, vontade. No mundo de hoje, tudo tão corrido, rápido e superficial, quase nunca temos tempo para dialogar ou participar, ficando embrenhados na solidão, na preguiça, no desânimo, no individualismo, na superficialidade. Dialogar e participar é apostar num jeito de se viver mais humano e mais rico. Se dialogar favorece o aparecimento do conhecimento, participar é, sampleando o Pequeno Príncipe, de Antoine de Saint-Exupéry, que entendia ser eternamente responsável pelas pessoas que cativava, tornar-se responsável pela execução das decisões tomadas.

Aristóteles, outro craque da Filosofia Clássica grega, discípulo de Platão, que viveu entre os anos 384 e 322 antes de Cristo, propôs e defendeu a ideia de que o homem é um animal político, com forte tendência natural a viver em grupo (pólis), dada sua dependência de outros humanos para sobreviver, viver e construir-se como cidadão. É, pois, pelo exercício do diálogo e da participação que os humanos reafirmam sua natureza política, de construção de histórias coletivas, de pactos socais de convivência global feitos ou refeitos quando necessário.

Políticas Públicas e Programas de Governo

Política pública, como o próprio nome diz, é uma ação política voltada para todos. De certa forma é uma redundância, pois toda ação política é pública, toda decisão política tomada e colocada em prática é dirigida a todos os membros de uma coletividade. Política pública é um conjunto de ações pensadas, organizadas e colocadas em prática pelos governos, tendo em vista objetivos e metas definidos. Toda política pública é pensada para durar muito tempo, muitas vezes passando de um governo para outro, sem ser interrompida. Aí estão duas características de uma política pública: é decisão ampla e de longa duração, geralmente proposta e encaminhada por um determinado governo tendo em vista objetivos e metas a serem atingidos. Ou seja, nenhuma política pública séria, de um governo minimamente sério, é praticada ao acaso, de qualquer jeito, sem planejamento.

Uma política pública responde a alguma demanda social, uma necessidade nova, alguma dívida social que governos passados e a própria sociedade tenham deixado para trás, que impede que os cidadãos tenham seus direitos atendidos. Como é o caso da política das cotas raciais de acesso à universidade. Faz parte do modo de pensar de alguns partidos políticos (o que chamamos de "ideologia") corrigir dívidas sociais que o país tem com determinados setores de sua população. Essas injustiças sociais, transformadas em dívidas sociais, são corrigidas através de políticas públicas compensatórias, de modo a corrigir injustiças. Uma política pública também pode se referir a grupos específicos (como idosos, menores, moradores de rua, negros, pessoas com deficiência, membros da comunidade LGBTQIA+ etc.). Mesmo assim, agir em conformidade com o que propõe uma política pública diz respeito a todos os cidadãos de um país onde a política pública está sendo instituída. Você pode discordar, por exemplo, do casamento entre parceiros ou parceiras do mesmo sexo biológico, mas terá que respeitar essas decisões, tomadas por lei e que encaminham práticas diferentes de sentir, pensar e agir.

Quanto mais longa e duradoura for uma política pública, mais comprometida ela será, e mais garantias uma sociedade terá de que essa política será implementada de vez. Ao longo dos anos de instituição de uma política pública, a força de imposição da lei vai sendo incorporada à prática, de tal forma que passe a ser algo natural, como se fosse um acordo ou um pacto existente entre os cidadãos de um país.

Uma política pública, depois de sentida, pensada, decidida e planejada, é colocada em prática com várias ações, entre as quais citamos: exposição em rede nacional de telecomunicação, campanhas na mídia, debates, aprovação ou alteração de documentos legais (desde mudança da Constituição Federal até decretos e circulares internas), previsão de verba no orçamento, repasse de verba, construção de equipamentos. Uma das políticas públicas mais eficientes posta em prática em nosso país, apesar dos muitos problemas na área da saúde pública, é a prevenção e tratamento de pacientes com aids, levada pelo Sistema Único de Saúde (SUS), ele próprio, outro exemplo de política pública exitosa. Do ponto de vista preventivo, a distribuição de preservativos e a divulgação de pequenos comerciais nas grandes redes de televisão têm conseguido resultados. De outro lado, a distribuição de remédios de ponta de controle da doença vem prorrogando e melhorando a vida de muitas pessoas acometidas pela síndrome. O Plano Nacional de Imunização (campanhas de vacinação) é outro bom exemplo. Independentemente do governo que esteja no comando da nação, essa política, de apoio ao SUS, vem se mantendo graças também à sociedade civil, cujos membros de ONGs, fundações, hospitais públicos etc. batalham por sua manutenção. Desse modo, uma política pública é o resultado da ação de muitas pessoas, em função de suas necessidades. Nascem, pois, de movimentos sociais coletivos que organizam a demanda e levam a luta adiante.

Uma política pública pode, também, surgir da formulação programática de um partido político. Ao ser criado, um partido político sério é organizado em torno de suas ideias, do modo como pensa e sonha construir uma sociedade. Sua ideologia, o seu modo de pensar o mundo pode determinar suas principais "bandeiras", que depois serão transformadas em lutas, em princípio do programa governamental, quando concorre à eleição, e, se assumir o comando de governos, transformam essas "bandeiras" em políticas públicas. Participação popular, por exemplo, sempre foi bandeira de partidos progressistas. Ao assumirem o poder, transformaram essa bandeira em política pública, no "orçamento participativo", ação de democratização de acesso ao dinheiro público e de tomada de decisão no gasto desse dinheiro.

Diante dessas considerações, por trás de uma política pública, haverá quase sempre:

a) um modo de pensar o mundo, a sociedade, a cidadania (o que chamamos de ideologia);

b) um grupo de cidadãos organizados em torno de uma ideia, de uma luta, de uma proposta, sempre em sintonia com as necessidades do povo (um movimento social);

c) uma história de lutas;

d) formulação concreta da ação;

e) previsão orçamentária;

f) execução da política pública.

Duas observações finais, sem concluir tudo o que há de se falar sobre o tema: nenhuma política pública avança sem o investimento de recursos, seja para divulgação, seja para compra de equipamentos ou de preparação para os agentes públicos que implantarão ou acompanharão a execução das ações de uma política pública. Conhecer os programas partidários, nas eleições, principalmente, mas antes delas também, é um bom caminho para escolher em quem votar e a quem passar o bastão da representação política nos futuros governos.

Está em nossas mãos conhecer para escolher entre políticas públicas armamentistas ou políticas de apoio total à educação pública, entre políticas que destroem o meio ambiente ou

> *"Conhecer os programas partidários, nas eleições, principalmente, mas antes delas também, é um bom caminho para escolher em quem votar e a quem passar o bastão da representação política nos futuros governos."*

políticas de sustentabilidade ambiental, entre políticas públicas que privilegiam os mais ricos ou políticas públicas que apostam na divisão da riqueza humana.

Como sempre, a decisão dos rumos da sociedade em que vivemos passa também por nossa vontade política de participar.

O dinheiro público: de onde vem?

Dinheiro público é sempre assunto "pra mais de metro". Tratemos inicialmente de saber como esse pé-de-meia coletivo se forma.

Em economia, não há milagres ou, como ensina a sabedoria popular, nenhum almoço é de graça. Isto significa que há um custo para tudo. Em matéria de dinheiro público, vale dizer que o que entra para a composição da receita do Tesouro sai de algum lugar, de algum bolso, de alguma poupança. Ou seja: somos nós, os cidadãos contribuintes, que arcamos com a composição do sagrado dinheiro público. Isto acontece direta ou indiretamente, em forma de tarifas, taxas, tributos, impostos. Contribuintes brasileiros, somos, no mundo, um dos que mais recolhem impostos. Em contrapartida, deveríamos ser um dos povos com melhor atendimento nos serviços públicos, tamanho é o volume do dinheiro arrecadado. Infelizmente, não é assim, e parte dessa responsabilidade é nossa, pois não exercemos o nosso direito de fiscalizar os gastos do governo e não cobramos dos políticos a necessária transparência na prestação de contas.

Sobre o sistema tributário brasileiro, a montagem legal que permite a arrecadação exorbitante, há muitos comentários de seus analistas e críticos. Vejamos alguns deles:

a) a carga tributária é muito alta;

b) os mais pobres pagam, proporcionalmente, mais impostos do que os mais ricos, e as grandes fortunas estão longe de serem tributadas;

c) nem todos pagam os impostos que devem (grandes empresas nacionais ou multinacionais devem bilhões ao Tesouro, não são cobradas e tampouco pagam);

d) os mais ricos encontram na legislação, com a ajuda de advogados tributaristas, meios legais para não pagar ou pagar menos impostos;

e) ainda há muita corrupção na arrecadação dos impostos.

Com essas ressalvas, nos perguntamos: de onde vem o dinheiro que forma o Tesouro público, o "pé-de-meia coletivo"? O dinheiro público, que não cai do céu e nem brota no asfalto, vem essencialmente da arrecadação feita por meio dos diversos impostos. Impostos, como o próprio nome diz, são impostos aos contribuintes. Nunca somos consultados se achamos justa a criação de mais impostos. No Brasil, há impostos para tudo – ou quase tudo, pois ainda não criaram impostos para o consumo do ar que respiramos. A lista é imensa. Veja alguns deles, os mais conhecidos e de maior impacto:

Federais:

Imposto de Renda da Pessoa Física (IRPF)

Imposto de Renda da Pessoa Jurídica (IRPJ)

Imposto sobre Produtos Industrializados (IPI)

Imposto de Importação (II)

Imposto sobre a Exportação de Produtos Nacionais (IE)

Impostos (diversos) sobre Operações Financeiras (IOF)

Imposto Territorial Rural (ITR)

Estaduais:

Imposto sobre a Prestação de Serviços e Circulação de Mercadorias (ICMS)

Imposto sobre Veículos Automotores (IPVA)

Imposto de Transmissão *Causa Mortis* e Doação (ITCMD)

Municipais:

Impostos sobre Serviços de Qualquer Natureza (ISS)

Imposto sobre a Propriedade Predial e Territorial Urbana (IPTU)

Imposto sobre a Transmissão de Bens Imóveis (ITBI)

Os impostos são pagos por todos, diferentemente das taxas, que são tributos pagos apenas por quem usa determinado serviço público, por exemplo, licenciamento de veículo. A prática de criar impostos (lembrem-se das ameaças de recriar a famigerada CPMF) tem sido recorrente no país, sempre que a receita cai ou estoura. Não se opta, como deveria ser o esperado, como fazemos com o nosso orçamento doméstico, por reduzir e priorizar despesas e combater a corrupção, notadamente no quesito de superfaturamento das compras e serviços e obras. Outra ação, estranha, mas bem conhecida e praticada pelos governantes parceiros da elite econômica, é a renúncia fiscal, perdoando dívidas ou propondo isenção de impostos a grandes empresas e ao grande capital. Não causa estranheza, embora seja ação pérfida contra os mais precisados do país, que, por exemplo, o governo paulista não cobre dívidas estratosféricas devidas ao Tesouro público por grandes empresas e, em vez disso, vá recolher mais recursos sobretaxando salários e proventos dos já minguados salários dos servidores públicos. E tampouco

> **"** Seria a economia ditando a Política ou a Política a serviço da economia? Ou deveria ser a Política determinando a economia necessária para o bem-estar da maioria da população? **"**

surpreende a divulgação quase invisível do balanço de um dos maiores bancos estabelecidos por aqui, com lucro bilionário, em meio à pandemia e à desaceleração da economia. Seria a economia ditando a Política ou a Política a serviço da economia? Ou deveria ser a Política determinando a economia necessária para o bem-estar da maioria da população?

Por isso, não são poucos os analistas, políticos e cidadãos que clamam por uma ampla reforma tributária, que possa caminhar na direção de a) distribuir melhor a arrecadação entre os entes federativos e b) fazer justiça social com a arrecadação do Tesouro, tributando-se mais quem tem mais e melhorando a distribuição de rendas.

Além disso, somente uma execução orçamentária sem corrupção, mais justa e atenta a quem mais precisa, poderá colocar o orçamento público na direção da justiça social.

Isto também está em nossas mãos.

O dinheiro público: para onde vai?

Anteriormente, já tratamos do tema "dinheiro público", abordando a sua composição, como é formado o bolo do Tesouro. Agora vamos falar um pouco sobre a porta de saída do dinheiro dos cofres públicos para o atendimento das demandas sociais.

Para onde vai o dinheiro do nosso "pé-de-meia coletivo"?

Da mesma forma que é a Política que define a arrecadação e a composição do dinheiro público, é também a Política que define os caminhos de aplicação e investimento desse Tesouro. Burocraticamente, as definições do uso e da aplicação/investimento do dinheiro público se dão dentro da legislação, conforme definições do Plano Plurianual, da Lei de Diretrizes Orçamentárias (LDO) e da Lei do Orçamento Anual (LOA), com a participação da sociedade civil, direta ou indiretamente, no processo de análise, discussão e aprovação nas respectivas casas legislativas. Todo ano, o Poder Executivo (Federal, Estadual e Municipal) encaminha para o Poder Legislativo a Lei de Diretrizes Orçamentárias, que, como o próprio nome diz, apresenta as diretrizes gerais, orientações amplas para a futura definição do orçamento propriamente dito. Uma LDO pode, por exemplo, reduzir o investimento em obras, como diretriz orçamentária, para priorizar o investimento em obras de saneamento básico. O orçamento seguirá essa diretriz. Assim, em todas as áreas. A Lei de Orçamento Anual, também encaminhada pelo Poder Executivo, passa pelo mesmo processo de análise, discussão e aprovação pelo Poder Legislativo. Esta LOA é mais objetiva no quesito de definição de valores propriamente ditos para cada uma das áreas de atuação do Poder Executivo: educação, saúde, cultura, segurança, transportes, agricultura, lazer, esportes, cidadania, infraestrutura, pagamento de precatórios, dívidas, por exemplo, entre as mais importantes. Via de regra, historicamente, dados os traços autoritários do Poder Executivo brasileiro, estas definições acabavam por ficar exclusivamente nas mãos do Poder Executivo, que se pautava por demandas de movimentos políticos mais organizados, como os empresários e os banqueiros, a chamada elite econômica. Como nunca há dinheiro suficiente para atender toda a demanda, os grupos sociais menos organizados e mais fracos na representação política institucional acabam sendo preteridos, e só não o são quando se organizam e vão à luta nos momentos de análise e aprovação dos orçamentos.

A definição dos valores orçamentários é uma luta metafórica para esticar o cobertor curto. Há disputas pelo orçamento, e os grupos mais organizados têm mais força de pressão sobre os parlamentares que analisam e votam as peças orçamentárias. Se um valor foi direcionado para ser investido em educação, na hora da definição esse valor pode ir para compras de assessorias caríssimas ou para a aquisição de material didático de qualidade, dependendo da pressão deste ou daquele grupo. Se há valores para aplicação em transporte público, este pode ser canalizado para as grandes empresas que dominam o setor ou para baratear o preço da passagem – que, cá entre nós, é uma das mais caras do mundo. Dessa mesma forma, pode usar verbas direcionadas para a infraestrutura urbana melhorando as vias públicas da periferia ou para a manutenção das vias públicas centrais, estas sempre mais bem cuidadas. Ou pode, como têm feito os últimos governos do estado mais rico da União, deixar de investir na qualidade do serviço público, precarizando os equipamentos e rebaixando o nível salarial dos servidores, numa clara tentativa de privatizar, para gastar mais com as empresas terceirizadas. Quase nunca a terceirização ou privatização é a solução, visto que estas ações são orientadas pelo lucro e não pelo atendimento a quem mais precisa do serviço público, os menos favorecidos. Enfim, como qualquer orçamento, o orçamento doméstico, por exemplo, envolve duas operações básicas: entrada e saída de dinheiro. A Política atua em ambos os movimentos: na definição das fontes de arrecadação (entrada) e na definição das áreas onde investir o dinheiro (saída). Em ambos os movimentos, a participação organizada dos interessados é fundamental para dirigir as ações. Esta participação de entidades e grupos da sociedade civil organizada tem sido uma das características da democracia participativa.

> "a participação organizada dos interessados é fundamental para dirigir as ações."

Dois aspectos merecem comentários, ainda que aligeirados sobre questões orçamentárias: as dívidas e o orçamento participativo.

Dívidas, como qualquer dívida, é a contração de empréstimos de dinheiro no mercado interno ou externo, lembrando que dinheiro é a mercadoria mais cara do mercado, para cobrir déficits do orçamento (gasto maior do que o arrecadado). Os juros são abusivos e minam a capacidade de investimento das administrações. É como se fossem os cheques especiais... muito, muito, muito caros. Os capitalistas donos do dinheiro emprestam, com prazer, dinheiro para as administrações públicas, pois sabem que o seu lucro será duradouro e muito alto. Dinheiro que certamente fará falta para os investimentos de natureza social. Merece aprofundamento.

Orçamento participativo é uma modalidade de participação relativamente nova, cerca de quarenta anos, e ainda bem pequena. O procedimento básico é a realização de audiências públicas regionais, com bastante divulgação e muita informação, abrindo a discussão do orçamento para os interessados, individualmente ou grupos organizados. É uma excelente oportunidade de formação política e de participação no destino do uso do dinheiro público. Poucas administrações têm coragem de abrir a discussão sobre o destino do investimento, mas quando o fazem sentem o ânimo redobrado dos participantes. Também merece estudos sobre os movimentos participativos em orçamento já realizados.

Por último, fechando estas breves anotações, vale reafirmar que o conhecimento, a discussão e a participação nos destinos do nosso dinheiro público têm tudo a ver com Política. É a Política que: a) determina de onde virá o dinheiro arrecadado, e pode fazer opções nem sempre ajustadas com a necessidade da maioria, pelo contrário, preservando os mais ricos, e b) determina onde vai ser investido e aplicado o dinheiro arrecadado, nem sempre fazendo disso uma forma de justiça social.

Se somos intimados a participar da feitura do bolo, temos todo o direito de participar da sua divisão. Se não nos convidam... vamos exigir os nossos direitos.

Corrupção: o mal dos séculos?

Seria a corrupção na Política o maior mal de nossos tempos? Geradora de desigualdades, de violência, de desencanto com a humanidade... Sem querer dar uma resposta definitiva para essa questão, vale o registro de algumas reflexões sobre esse tema, tão próximo de qualquer discussão política.

A palavra corrupção chegou até nós pelo termo latino *corruptione*. Na origem, significava algo quebrado em pedaços, e, posteriormente, apodrecimento e em decomposição, significado aplicado ao que acontecia após a morte. Atualmente, na língua portuguesa, o significado é parecido: podridão, coisa fedida, significados aplicados aos atos ilegais praticados por políticos, governantes, funcionários públicos e agentes privados. Significado apropriado, pois nada pode ser mais podre e fedido do que o desvio escandaloso e criminoso do dinheiro público por alguns, em prejuízo da maioria e da sociedade. Não há corrupção de um lado só. A corrupção envolve o corruptor e o corrompido, ou seja, quem propõe e quem aceita a proposta. A corrupção é danosa e extremamente prejudicial, pois tira de todos e transfere para poucos, quase sempre pessoas ou grupos já ricos e poderosos.

"A corrupção envolve o corruptor e o corrompido"

Geralmente, os mais prejudicados com a corrupção são os mais pobres, cidadãos que dependem do dinheiro público para ter uma vida mais justa. Corrupção é terrível do ponto de vista ético, pois as pessoas em quem devíamos confiar (governantes, parlamentares e, algumas vezes, membros do Judiciário), a quem entregamos o direito de nos representar e usar bem o dinheiro público, são as que praticam atos corruptos.

Por incrível que pareça, a corrupção encontra jeitos de se proteger, e muitas vezes mesmo denunciada não há como comprová-la. Talvez por isso seja chamada de **crime de colarinho branco**. Por outro lado, a justiça brasileira é lenta, cheia de etapas e recursos, de tal forma que os anos passam e ninguém – ou quase ninguém – é preso por corrupção. Alguns poucos casos, para "servir de exemplo".

Veja algumas das caras da corrupção:

Suborno ou propina: agentes públicos dificultam os serviços públicos para cobrar comissões ou subornos. Mesmo dentro da lei, se não rolar uma caixinha, um agrado ou uma comissão, o serviço não sai.

Extorsão: tirar dinheiro de alguém ou de empresa mediante ameaça de multa, por exemplo, ou de impedimento da atividade.

Utilização de informações confidenciais do governo para beneficiar a si próprio ou pessoas próximas, parentes e amigos: por exemplo, informar sobre um investimento do governo em determinada área para que esse conhecimento prévio os beneficie.

Compra e venda de sentenças judiciais: como o nome diz, pessoas ou grupos empresariais se beneficiam de sentenças favoráveis dadas por juízes "comprados".

Favorecimento de empresas em editais: os editais são orientações democráticas para que empresas disputem os serviços públicos. Quando o edital é "viciado", preparado para uma empresa ou grupo de empresas, certamente haverá troca de favores posterior à realização da obra, se já não houve antes.

Emendas no orçamento favorecendo empresas fictícias ou fajutas: parlamentares podem intermediar o favorecimento de verbas para empresas fajutas, fictícias ou inexistentes. O dinheiro é repassado para essas empresas e depois vão para o bolso de políticos corruptos e dessas pessoas que funcionam como "laranjas".

Compra de votos: governantes corruptos, aliados a empresários também corruptos, compram os votos de deputados, senadores e vereadores, para que estes aprovem projetos de lei de interesse particular.

Superfaturamento de obras: uma das caras mais presentes nos dias atuais, obras realizadas por empresas que se beneficiam de valores maiores do que o valor real do serviço. Isso acontece por diversas estratégias, como aumentar muito o valor dos serviços, pagar por serviços não realizados, aumentar a quantidade medida de serviços, cobrar por uma qualidade boa e colocar material de baixa qualidade nas obras. É comum esse superfaturamento voltar para os políticos do Executivo e Legislativo em forma de "contribuição para a campanha" numa próxima eleição. Os valores do superfaturamento são altíssimos. Esse dinheiro sujo geralmente é lavado em paraísos fiscais, países que se prestam a manter o anonimato das contas, de seus titulares e valores, além de cobrarem quase nenhuma taxação para agasalhar este dinheiro fruto da corrupção. Os paraísos fiscais costumam estar sediados em pequenas ilhas, daí o nome de *offshore*.

A imaginação dos corruptos (corruptores e corrompidos) é fértil e muito criativa. Escapam com facilidade da Justiça, e com a ajuda de advogados especializados e de outros políticos, seus pares, escondem e omitem provas, criando saídas com muita esperteza.

Uma das pragas do mundo contemporâneo, a corrupção precisa, deve e pode ser combatida, pela Justiça, com processos jurídicos sérios, por Comissões Parlamentares de Inquérito (CPIs), propostas e levadas adiante pelos parlamentares e pelos cidadãos de bem, exigindo apuração e punição, cobrando a responsabilidade dos seus representantes no Parlamento. E votando bem, eliminando pelo voto políticos com histórico de sujeira no trato com o dinheiro público. E, sobretudo, educar-se politicamente para lidar com a corrupção, denunciando-a e não aceitando nenhuma proposta, mesmo as pequenas do cotidiano, que possa ensejar essa prática ilegal e imoral.

As mulheres na Política

Apesar de Política ser um substantivo feminino, as mulheres estão longe de serem reconhecidas e terem espaço digno nessa esfera pública de atuação. Como em outras áreas de atuação na sociedade, as mulheres são vítimas do mesmo preconceito que as atinge de forma velada ou descaradamente, em que pesem os muitos debates e avanços em algumas dessas questões, como o assédio, o machismo, entre outros. O panorama mundial evidencia, paradoxalmente, avanços e recuos. A questão dos direitos das mulheres nas teocracias extremistas do Talibã, por exemplo, não deixa dúvida de que ainda há muita luta pela frente.

No Brasil, esta caminhada apresenta a mesma contradição, de avanços e recuos, com documentos legais vigentes e sua negação, velada ou escancarada, na realidade. Este quadro está inserido em um contexto mais amplo, de uma construção cultural histórica em que os homens, apoiados em um entendimento preconceituoso – e por isso equivocado – de superioridade masculina, dominam ou procuram dominar a tomada de decisão, em todos os campos onde isso se faz necessário, principalmente na Política. Esta é uma luta histórica, desde muito, décadas e séculos, que deve continuar futuro adentro, apesar dos movimentos progressistas das últimas décadas. É bom lembrar que, no Brasil, foi apenas em 1932 que o Código Eleitoral brasileiro, após a Revolução Constitucionalista, incorporou algumas mudanças, como o reconhecimento do direito ao voto das mulheres e dos religiosos, portanto, há menos de cem anos, conquista recente. Entrar na Política e disputar um cargo vem sendo conquista lenta das mulheres, embora tenhamos registros recentes de muitas delas se elegendo, algumas inclusive para cargos majoritários (prefeita, governadora, presidente e senadora). Meio na marra e no estranhamento da presença feminina num universo majoritariamente masculino e machista (ainda hoje).

A Lei n. 9.100/1995, que regulamentou as eleições municipais de 1996, trouxe o assunto à baila e decretou a cota de gênero nas eleições proporcionais (eleição para os cargos de vereadora, nas Câmaras Municipais; deputadas estaduais, nas Assembleias Legislativas; e deputadas federais na Câmara Federal), obrigando os partidos e coligações a lançarem pelo menos 20% de mulheres na disputa por vagas nas Câmaras Municipais. Hoje, a Lei Eleitoral n. 9.504/1997, ainda vigente, determinou a reserva (mas não obrigação) de 30% de candidatos(as) do gênero minoritário, índice que passou a ser obrigatório na minirreforma política de 2009, válida para as eleições de 2010. Nesse sentido, se um partido tiver na sua chapa maioria de mulheres (70%) candidatas, deverá lançar 30% do gênero masculino. No geral, o que acontece na Política brasileira é o inverso: os homens são maioria e as mulheres minoria, tanto nas eleições quanto na conquista de cargos no Parlamento. A partir daí, com o percentual estabelecido, vem havendo um aumento pequeno de mulheres eleitas para esses cargos proporcionais, ainda que não significativo. Há inúmeras explicações para o avanço lento dessa medida afirmativa. Uma delas é que o sistema eleitoral brasileiro, que permite acessar o cargo apenas os mais votados de cada chapa – ou lista de candidatos(as) –, prejudica as mulheres, quase sempre as menos votadas. Outra possível explicação é a distribuição das verbas do fundo partidário com menor valor para as mulheres, contextualizando-as a um pequeno poder de fogo na busca pelo voto. Outra justificativa é a de que muitas mulheres são colocadas nas cotas apenas para cumprir a burocracia eleitoral e acabam não se envolvendo nem desenvolvendo uma campanha própria. São as chamadas "candidatas-laranja", muitas delas denunciadas pela imprensa e investigadas pelos respectivos tribunais eleitorais. De qualquer forma, o que se percebe nessas possíveis justificativas é que ainda o espaço das mulheres nos partidos políticos e, consequentemente, nas disputas eleitorais é visto preconceituosamente como secundário, algo como "nem mulher vota em mulher", adágio machista, sem fundamento. Apesar de o eleitorado feminino ser 51%, o índice de representatividade feminina em cargos eletivos vem sendo um dos mais baixos no mundo e também na América Latina, algo não superior a 15%. A resistência preconceituosa que a mulher sofre no seu cotidiano, no trabalho, no trânsito, nas relações familiares etc. é a mesma que sofre na Política, e isto também tem que ser mudado. De modo geral, as relações de poder existentes na sociedade são as mesmas que circulam nos partidos políticos, e também dentro deles a mulher é pouco valorizada e sacada da tomada de decisões.

A última movimentação política no sentido de reverter e alterar esta situação ocorreu em 2015, na discussão da "minirreforma" eleitoral, com a bancada feminina buscando assegurar que ficasse garantido um percentual de assentos de cargos eletivos e não apenas de candidaturas. Como sabemos, não prosperou.

Os fatos indicam que a presença das mulheres na Política é uma construção cultural lenta e difícil. Mas... necessária.

Mulheres oxigenam a ética e a inteligência da Política

Os babados de uma Comissão Parlamentar de Inquérito (CPI)

O que é uma CPI? Para além de ser uma sigla que vira e mexe está de volta ao noticiário da grande mídia, Comissão Parlamentar de Inquérito, vulgo CPI, é um poderoso instrumento político, ou deveria ser, que o Poder Legislativo tem para investigar algum fato grave, desvio de conduta, indicativo de corrupção ou omissão do Poder Executivo. Regulamentada pela Constituição Federal de 1988, uma CPI enquadra-se em uma das principais funções do Poder Legislativo (Senado, Câmara Federal, Assembleias Legislativas e Câmaras Municipais): fiscalização dos atos (ou da omissão) do Poder Executivo. A criação de uma CPI depende, de modo geral:

a) da existência de fato que possa instigar uma comissão dessa natureza;
b) do pedido formulado por um parlamentar;

c) da assinatura de apoio de um terço dos parlamentares da casa parlamentar onde está sendo pedida; e

d) da abertura da comissão pelo presidente da casa parlamentar.

Por ser um movimento político de peso, a disputa começa aqui: não é incomum um presidente de casa parlamentar postergar a abertura de uma CPI indefinidamente. Em casos como esse, pode-se recorrer ao STF para que determine o início da comissão. Após ser declarada criada, inicia-se o processo de composição da comissão com a indicação proporcional dos membros pelos partidos. São escolhas políticas, pois certamente no interior dos trabalhos haverá uma batalha de ataque e defesa. Dois cargos têm grande importância: o presidente da comissão e o relator, responsável pelo relatório final. Este relatório é apresentado no final e deverá ser votado. Muitas vezes, parlamentares da comissão, francamente em defesa do Poder Executivo, apresentam relatório paralelo e o submetem também à votação. A CPI tem prazo definido, visto que é uma comissão temporária, diferentemente das comissões permanentes, cujo tempo dos trabalhos pode acontecer em média dentro de 120 dias, com possibilidade de prorrogação por mais um tempo, 60 dias, em média. Uma CPI, em qualquer instância que aconteça, é uma arma política poderosa, pois tem, entre outros, poderes de investigação, de convocação, quebra de sigilo bancário e telefônico. Ou seja: pode proceder com poderes investigativos, embora não tenha poderes punitivos, e encaminhar, via relatório final, apresentado e votado, à instância jurídica para que esta, analisando os fatos, documentos e conclusões, possa instaurar processo judicial. Nessa trajetória, uma CPI pode fazer muito barulho, mas pode chegar a lugar nenhum, terminar em *pizza*, como prega o jargão depreciativo popular. Ou pode, dependendo de sua força política, do momento político e da força/fraqueza do Executivo, causar estrago dentro do Poder Executivo e acabar com carreiras políticas que dependem do voto. Na prática, uma CPI é uma disputa política, com movimentos típicos de um jogo de xadrez, com ataques e defesas, disposição das peças no tabuleiro, com movimentos estudados, inclusive com o objetivo de dar destaque midiático aos trabalhos da comissão ou de desqualificá-la. Como em toda casa legislativa, a CPI tem seu regimento próprio de funcionamento, e é dentro deste regimento que as estratégias são montadas: movimentação dos parlamentares, qualidade das perguntas feitas aos convocados/investigados, intervenção espalhafatosa de parlamentares que não fazem parte da comissão, uso constitucional do direito de ficar calado diante das perguntas que possam produzir provas contra si etc. Do início ao fim, trata-se de um movimento político que, ao depender do envolvimento da mídia e dos cidadãos, na cobrança de resultados, pode trazer resultados saudáveis para a Política, no sentido de valorizar a atuação parlamentar do Poder Legislativo de fiscalizar, vigiar e encaminhar para a justiça atos falhos, equivocados ou omissos do Poder Executivo.

É o que queremos. No entanto, só querer não basta. Precisamos acompanhar e, na medida do possível, pressionar os membros de uma CPI para que façam valer sua função, dentro da norma democrática, e apresentem resultados honestos e necessários. E, sobretudo, que nenhuma CPI termine em *pizza*, num sentido pejorativo.

Eleições

Brevíssimo e sempre útil manual para eleitores (pre)ocupados com eleições

Sem ser definitivo, já que em matéria de Política nada é para sempre, arrisco pensar precocemente sobre um manual para eleitores e sugerir duas ou três coisinhas, que até podem passar de meia dúzia de dez, sobre este assunto tão próximo de nosso cotidiano.

1. **Regra essencial:** interesse-se por Política sempre, e não só em ano de eleição. A Política está cotidianamente presente em nossa vida, querendo ou não, gostando ou não. As regras de votação mudam quase em todas as eleições, uma razão suficiente para você se antenar no assunto. Horário gratuito, regras de publicidade, dinheiro do fundo eleitoral, urnas eletrônicas... tudo isso se deu muitas vezes nos anos anteriores e, se você pegar o bonde andando, correrá o risco de entender as coisas apenas parcialmente.

2. **Regra básica:** atente-se ao histórico dos partidos políticos e dos candidatos. A história nunca é apagada. A trajetória política dos partidos e dos candidatos ajuda na escolha melhorada do voto. Não importa tanto reclamar que temos partidos políticos em demasia. Pela história dos partidos, dos nanicos e de aluguel aos mais sérios, você terá um caminho recheado de informações necessárias ao voto. Por exemplo: desde a ditadura, que criou a figura bizarra do bipartidarismo, pra onde foram se instalar os políticos da ARENA, partido que sustentou o governo militar e suas atrocidades: PDS, PFL, PP, Democratas...?

3. **Regra complementar à regra básica:** consulte os programas de governo dos partidos e de seus candidatos. Os programas de governo devem ser claros, objetivos, com propostas bem definidas. Programas de governo apontam a direção para onde o candidato, se eleito, quer conduzir o país. Se um candidato expressa seu programa em privatizações, você pode deduzir que sua proposta é acabar com o patrimônio público, construído ao longo dos anos, vendido na bacia das almas. Tampouco se deixe enganar por *slogans* e discursos generalistas. É comum, por exemplo, que

todos apontem investimentos em educação (quase um clichê), mas isto deve ser cruzado com outras ações do partido em governos anteriores ou em votações dos próprios parlamentares de legislação pertinente.

4. **Regra básica número dois:** cuidado com candidato *outsider*, marginal, oportunista ou arrivista, que promete fazer tudo diferente "do que aí está", pregando um novo jeito de fazer Política. Estes, com certeza, são os primeiros a voltarem atrás em suas declaradas intenções políticas. Temos exemplos escancarados e recentes na história brasileira: um presidente que renunciou, um que foi deposto por *impeachment* e outro despreparado que se elegeu sem nenhum plano de governo.

5. **Regra da sociedade líquida:** atente-se às *fake news*. Os tempos têm um manto opaco cobrindo nossa lucidez, essas tais mentiras virtuais que se esparramam em velocidade espantosa. Há muito ficou para trás o senso comum estabelecido no provérbio "a mentira tem perna curta". Não tem mais: sua perna, ou melhor, os seus tentáculos avançam aceleradamente, mais e mais do que as verdades. Negacionistas, membros dos gabinetes do ódio, homofóbicos, fascistas e necropolíticos, muitas vezes financiados por empresários nacionais ou estrangeiros, contaminam as redes sociais com seus textos, mensagens e imagens mentirosas, preconceituosas e negacionistas. Não repasse mensagem da qual você não tenha efetivamente uma fonte credenciada, confiável e capaz de comprovar a mensagem.

6. **Regra geral:** discuta sempre política. Diferentemente do que prega um ditado popular, "Futebol, Religião e Política não se discutem!", a Política tem que ser pensada, comentada, ouvida, discutida e decidida. Em todos os espaços possíveis. Da igreja à escola, principalmente nesta. É na escola que estão os jovens e estes, mais do que todos, precisam saber sobre Política, sobre os conceitos da Política e sobre seu funcionamento. Os ignorantes e atrasados politicamente tentaram impor um projeto chamado Escola sem Partido, mas foram derrotados em todas as instâncias. Escola sem discussão viva da Política é uma escola fora do seu tempo.

7. **Regra adjetivada:** se você for adjetivar o seu voto, que o adjetivo escolhido seja "consciente". Não troque nem venda seu voto. Ampare-se nas

regras anteriores e decida-se. E lembre-se (apenas para sua informação): votos nulos e brancos, mesmo em forma de protesto, pouca serventia têm, uma vez que o seu percentual é mínimo. O voto consciente é um dos pilares sólidos da democracia.

8. **Regra de alerta:** "odeio Política". Descontamine-se desse sentimento. Mantendo o distanciamento odioso da Política, o que se faz é entregar a Política nas mãos dos maus políticos.

9. **Regra de encanto:** perfume-se com seu aroma preferido, vista uma roupa de prazer e vá às urnas.

10. **Regra de conexão:** nunca se desligue da Política. Ela não se desliga de você. Depois de votar, acompanhe o seu candidato e cobre dele, pelos canais de participação, coerência com seu programa de partido, com as políticas públicas necessárias, com a ética na Política.

Isto não é tudo. Votar é parte da ação cidadã de cada um de nós. A outra parte é a participação cotidiana na vida política de nosso país.

O direito de votar como expressão da democracia

Eleições e seu complemento imediato, o voto, sempre nos remetem a discussões tautológicas: quem escolher, baixa confiança nos políticos e partidos, voto nulo etc. Discussões absolutamente necessárias e pertinentes, às quais podemos acrescentar outras não menos importantes como por exemplo:

- Há outros modos de exercer a democracia representativa?
- Por que votar é importante?
- Qual o nível de amadurecimento democrático de cada um de nós?
- Urnas eletrônicas são confiáveis?
- É correto financiar campanhas eleitorais com dinheiro público?
- O que fazer depois de votar?

A lista é imensa!!!

A democracia representativa, embora atualmente venha se mostrando insuficiente para garantir a democracia, ainda é um instrumento poderoso de escolha de nossos representantes, através do voto direto. Poderosíssimo instrumento democrático, em algumas democracias é o mais valioso. Tão poderoso que alguns presidentes ou primeiros-ministros, mesmo eleitos democraticamente, acionam uma agenda de cerceamento do voto impondo restrições ao cadastramento de eleitores, sob a égide de uma suposta "integridade" do eleitor, diminuindo o número de eleitores – geralmente os eleitores de minorias potencialmente votantes em programas sociais – e obrigando-os a uma identificação burocrática que os impede de irem às urnas. De modo indireto dificultam o acesso às urnas por temer esse voto ou por posição ideológica, por exemplo, por questões de preconceito racial ou por serem contra a imigração, entre outras. Cercear ou desencorajar o voto é postura antidemocrática.

Atualmente, as democracias apostam no sufrágio universal, o direito do voto secreto concedido a todo cidadão maior de idade. Nem sempre foi assim. No Brasil, por exemplo, há um histórico de exclusão do direito ao voto que vem sendo modificado ao longo dos últimos cem anos, não sem muita luta, desde o voto censitário, cujo direito de votar e ser votado estava vinculado à renda dos cidadãos, até a Constituição Federal de 1988, que estendeu os votos também para os analfabetos e tornou-o facultativo aos jovens de 16 a 18 anos, chegando ao sufrágio universal.

O voto secreto é o símbolo da liberdade democrática na escolha de nossos representantes institucionais no Poder Executivo e no Legislativo. Houve épocas em que o voto era aberto e o eleitor saía com um comprovante de identificação do seu voto, certamente para provar ao seu "tutor eleitoral" ter votado conforme as ordens recebidas. Voto de cabresto é o nome disso, fora de nossa aceitação, mas ainda pipocando aqui e ali, com formas diferentes de controle. Bem sabemos que há votos de toda a natureza, dos mais descompromissados (voto obrigatório; voto decidido em boca de urna – proibida, mas ainda presente na maioria das seções de votação –, voto burocrático – vota-se para não ser punido pela justiça eleitoral) aos mais conscientes (voto ideológico e voto consciente da responsabilidade da escolha), passando pelos discutíveis votos nulo e voto em branco. A facilidade para justificar a ausência de voto no dia da votação e a insignificância da multa por não justificar a ausência talvez contribuam para a qualificação do voto como pouco importante. Registre-se também o chamado "voto útil", de natureza pragmática: um voto dado a um candidato majoritário, diferente da primeira opção pessoal, com o objetivo de unir forças e derrotar candidatos adversários, visto o candidato de primeira opção ter poucas ou nenhuma chance de vitória.

Eleições são precedidas por assembleias dos partidos políticos para a indicação de seus candidatos (chapa eleitoral). Quando há mais de um interessado em representar o partido nas disputas majoritárias (presidente, governador, prefeito e senadores), os partidos democráticos realizam o que se chama de "prévias", em que os filiados escolhem o representante. Há quem argumente que, embora democráticas, as prévias racham o partido nessa escolha. Quem ganha leva a indicação, mas não necessariamente o apoio dos derrotados.

O dia da votação é precedido, depois do registro dos candidatos oficiais no Tribunal Regional Eleitoral, pelas campanhas eleitorais. As campanhas são financiadas pelo Fundo Especial de Financiamento de Campanhas (FEFC), criado em 2017, ante a proibição de financiamento empresarial. Esses valores recebidos, conforme regras estabelecidas pelo Tribunal Superior Eleitoral, são empenhadas em atividades de campanha. As campanhas, cada vez mais, estão se restringindo às redes sociais e a espaços gratuitos, cada vez menores, nas redes de canais de televisão aberta e nas emissoras de rádio. Partidos mais estruturados e maiores compram outros espaços na mídia. Tempos atrás, as campanhas eram feitas também com faixas estendidas em inúmeros locais, cavaletes, showmícios e ainda, até hoje, pelos indefectíveis "santinhos". Dentro dos limites estabelecidos, a imaginação é posta em ação, com total liberdade criativa.

Votar é, antes de tudo, uma liberdade democrática de escolha (que não isenta ninguém da responsabilidade de escolher bem e acompanhar a atuação do representante eleito) que só os regimes democráticos proporcionam. Os regimes autocráticos odeiam a liberdade de escolha pelo voto (entre outras liberdades).

> **"Votar é, antes de tudo, uma liberdade democrática de escolha "**

Tão importante que no voto, para além da festa cívica, convivem o direito e o dever. Como direito, deve ser livre; como dever, tem que ser obrigatório.

Voto: da escolha individual às consequências coletivas

Eleições são a grande festa cívica da democracia. O dia de votar é a cereja do bolo. Um bolo que começou a ser preparado meses antes, com muitos ingredientes, e que tem uma digestão lenta, ao longo dos anos seguintes. Mas, é bom lembrar, ajudado pela história recente, nem sempre votamos todos. O voto, hoje universal, como tantos outros direitos, tem uma história não muito boa de ser contada, apesar disso, interessante. Épocas tivemos que nem todo brasileiro ou brasileira podia votar. Era direito restrito a poucos. Já tivemos de tudo ao longo da evolução do processo político brasileiro na história da conquista do direito de votar, e, aos poucos, bem aos poucos, os impedidos de votar foram ganhando direito ao voto: mulheres, religiosos e, por último, bem último, os analfabetos tiveram reconhecido esse direito, eles que que ficaram de fora mesmo quando houve a criação do Código Eleitoral, em 1932, e a obrigatoriedade do voto secreto.

Tivemos, em épocas priscas, o voto não secreto, uma aberração que obrigava o eleitor a ficar com um comprovante de sua "escolha", certamente para apresentá-lo ao seu patrão, feitor ou mandatário. Hoje, o voto é universal, obrigatório e secreto, estabelecido em cláusula pétrea na atual Constituição. Esta mesma Constituição incorporou o direito dos analfabetos ao voto e ampliou a obrigatoriedade de votar aos cidadãos de 18 a 70 anos (facultativo aos jovens a partir dos 16 anos). O voto, por sua natureza, é da conta da consciência política de cada um e ponto final. Por isso, o voto não combina com displicência, alienação, descompromisso, aleatoriedade, compra e venda etc. Votar é escolher. Escolher é traçar rumos da vida. Tão importante que o voto é obrigatório no país, porque põe na vida a vivência da discussão dos rumos que queremos para nosso país e a quem entregaremos o comando desses rumos. Para poder cobrar nos anos seguintes. Ao votar, e exercer um dos direitos políticos mais fundamentais da vida, estamos escolhendo e podendo interferir na vida de outras pessoas. A escolha alienada, sem preocupação, por decisão superficial, sem reflexão, ou por comando alheio, pode colocar em risco todas as conquistas de períodos anteriores, avanços progressistas que podem se perder com o poder nas mãos de despreparados, ignorantes políticos, preconceituosos, deslumbrados com cargos e posições que os levem a flertar com o fascismo, o autoritarismo e a intolerância. Nesse sentido, o voto é um direito revestido de dever. Votar é uma obrigação consciente, construída com informações, conceitos e com o conhecimento da biografia de quem escolhemos para confiar no seu comportamento político futuro. O voto é secreto, mas a preocupação com a qualidade da escolha na hora de votar pode e deve ser aberta, discutida, cotejada. Parafraseando o que escreveu Paulo Freire, que não nos educamos sozinhos, mas em comunhão, não votamos sozinhos, mas em comunhão. O voto é um momento solitário que deve refletir a comunhão dos pensamentos, das reflexões e das ideias políticas que conseguimos construir ao longo dos tempos anteriores.

> "Votar é uma obrigação consciente, construída com informações, conceitos e com o conhecimento da biografia de quem escolhemos para confiar no seu comportamento político futuro."

Tão importante, aqueles segundos rápidos e emocionantes em que o voto é depositado em uma urna, objeto tradicionalmente usado para guardar coisas importantes da vida. O voto não é o único instrumento de exercício da democracia, mas certamente é um dos mais importantes. Tão importante que nossa atenção às discussões que permeiam o exercício do voto deve sempre focar na liberdade de expressão, no direito inalienável de votar em segredo e na consciência de uma escolha bem-feita.

E isto é um exercício que se aprende na sociedade: nos conselhos institucionais ou populares, nas assembleias, nos congressos de áreas, nas audiências públicas, nos conselhos de escola, nas assembleias de condomínios etc. Uma ação individual com profundas repercussões no coletivo de uma nação.

Eleições: voto facultativo ou obrigatório?

O voto, no Brasil, tornou-se obrigatório desde 1932, com a promulgação do Código Eleitoral, cuja tradição foi mantida pela atual Constituição Federal. Trata-se, sem dúvida, de uma das matérias mais polêmicas da vida política brasileira, seja no Congresso Nacional, seja na opinião pública. O que está em jogo nessa polêmica é a soberania: quem é soberano para determinar a obrigatoriedade ou não voto: o Estado ou o povo?

Sem ainda entrar no mérito da polêmica, seguem alguns pontos levantados nas discussões vigentes favoráveis ao voto obrigatório e outras favoráveis ao voto facultativo.

A favor do voto obrigatório:

- o voto é tanto um direito como um dever cívico;
- a maioria do povo participa do processo eleitoral (as possibilidades de justificativas são fáceis e a multa é quase irrisória);
- o voto chama o povo à discussão e participação da política mais intensamente e corrobora para sua educação política (a educação política no país quase não existe e em muitos espaços educativos isso é até proibido – veja-se, por exemplo, a aberração chamada Escola sem Partido);
- o Estado brasileiro, com traços autoritários previstos na Constituição Federal, vira e mexe flerta com o autoritarismo e não proporciona nem incentiva plenamente a democracia, condição que não permite a comparação com outras democracias mais avançadas que optaram pelo voto facultativo;
- voto obrigatório é tradição brasileira e latino-americana, como se fosse uma regra constitucional não escrita;
- o voto obrigatório não eleva, mais do que o facultativo, o custo do processo eleitoral;
- por ser secreto, o voto obrigatório não constrange nenhum eleitor;
- a obrigação de votar e exercer o direito de escolha é responsabilidade coletiva, visto que é decisão que afeta a todos. Possíveis grandes abstenções deixam a decisão nas mãos de minorias, o que fere um princípio basal da democracia, comprometendo ainda mais a frágil democracia.

A favor do voto facultativo:

- ▲ o voto é um direito e não um dever (cabe ao cidadão a liberdade de escolher se quer votar ou não, pois este é um direito subjetivo);
- ▲ o voto facultativo é adotado por países mais desenvolvidos e de tradição democrática (países da Europa Ocidental, da Comunidade Britânica e EUA, entre outros, são exemplos);
- ▲ o voto facultativo eleva a qualidade política do processo, pois fica restrito a eleitores mais conscientes e motivados;
- ▲ participação da maioria, em razão da obrigatoriedade, é mais um mito do que verdade (este argumento é sustentado pelos número de ausência somado ao de nulos e brancos – que alcança quase a metade do eleitorado. O alto número de votos brancos e nulos mostra um posicionamento contra o voto obrigatório. Além disso, o voto obrigatório pode constranger eleitores com limitações intelectuais);
- ▲ pensar que o voto obrigatório torna os cidadãos mais conscientes politicamente é mera ilusão (ilusão pensar que o fato de votar, obrigatoriamente, transforma uma pessoa e a faz acreditar que a partir do voto pode mudar a história).

O momento político do país não é propício ao voto facultativo (argumentam que o brasileiro tem formação política frágil, por isso não teria condições de votar e votar bem. Pensam que o Estado deveria preparar melhor o cidadão para o exercício pleno da democracia e do voto facultativo).

O tema é, sem dúvida, polêmico, ainda que nestes últimos tempos não apareça tanto, uma vez que estamos mais preocupados com a corrosão da democracia.

Finalizando, cotejando os argumentos, podemos pensar que:

a) o voto facultativo ou a ausência de votos interessa sempre aos regimes autoritários e à elite dominante. Com a força do poder estatal e do poder econômico também dominarão o resultado das urnas, com a volta triunfal do voto de cabresto. A filósofa Marilena Chaui escreveu, certa vez, que o diálogo do nadador é com a água. Nada mais exato. Parafraseando-a: o diálogo do eleitor é (também) com as urnas, tendo a certeza de que é votando que se aprende o caminho das pedras do exercício da Política;

> **"o diálogo do eleitor é (também) com as urnas "**

b) o voto obrigatório ou não é o menor dos problemas: a questão maior é manter os pilares democráticos de pé, entre os quais a liberdade de expressão, o direito reconhecido de participação, criação de canais de participação direta nas decisões políticas, incentivo à educação política, principalmente nas escolas etc.;

c) o sistema de justificativas de ausência no dia da votação e a multa pela não justificativa são tão leves que praticamente favorecem a ausência de quem não quer votar; e

d) votos brancos ou nulos não representam argumento favorável ao voto facultativo, mas tão somente um indicador de que alguma coisa desagrada os eleitores.

Fica claro, mais uma vez, que estas questões polêmicas passam pela qualificação da vida política brasileira. E esta, pela educação política.

Calendário Eleitoral

É provável que somente quem viveu os tempos sombrios da ditadura militar (1964-1985) saiba o que foi viver sem poder votar e escolher seus representantes no Poder Executivo Federal e Estadual, nas capitais e no Distrito Federal (a partir de 1972, os senadores e prefeitos, menos os prefeitos das capitais, voltaram a ser eleitos pelo voto direto). Tempos de governantes biônicos apadrinhados pelo poder militar e a eles subservientes. Aos poucos, no caminho da redemocratização e na esteira da Constituição Federal aprovada em 1988, fomos ampliando o arco dos votantes e dos votáveis. Atualmente, a festa cívica do dia das eleições tem um calendário que começa muito antes da votação propriamente dita. A este período chamamos de calendário eleitoral.

Um pouco de história: lá pelos idos de 1932, o governo ditatorial de plantão criou, por decreto, a Justiça Eleitoral brasileira, com a responsabilidade principal de dar conta da realização das eleições, em todas suas circunstâncias. Adiante, em 1988, a Constituição Federal estabilizou legalmente, nos artigos 118 a 121, a Justiça Eleitoral. O Brasil é um dos raros países do mundo democrático que tem uma justiça específica para as eleições, com a concentração dos poderes legislativo, administrativo e judiciário. A maioria dos países deixa a realização de eleição para o próprio Poder Executivo ou para organismos externos aos três poderes. Basicamente, a Justiça Eleitoral, aqui, é composta pelo Tribunal Superior Eleitoral, de âmbito federal (formado por sete juízes, emprestados de outros poderes, com mandato de tempo determinado), e pelos Tribunais Regionais Eleitorais, de âmbito estadual, Juízes Eleitorais e Juntas Eleitorais. Ao TSE cabe a tarefa maior de dar as diretrizes, seguindo suas competências, garantindo a lisura do pleito, conforme o Código Eleitoral, e baixando instruções, por resoluções, ajustando o processo eleitoral às alterações e aos avanços sociais e políticos. A realização de um pleito eleitoral, no Brasil, a cada dois anos, para cargos diferentes, com o estabelecimento do calendário eleitoral, é o regramento que integra as funções da Justiça Eleitoral com o que estabelece o Código Eleitoral, criado pela Lei n. 4.737, de julho de 1965, em pleno regime ditatorial, seguido, ao longo das décadas, por inúmeras outras normas legais, entre estas, a Lei n. 9.096/1995, Lei dos Partidos Políticos, a Lei n. 9.504/1997, que estabelece regras para as eleições, e a Lei n. 14.208/2021, que permite a criação das Federações Partidárias, com o objetivo de incorporar novas discussões e procedimentos afeitos ao processo, entre os quais a urna eletrônica. Faz parte desses documentos legais a Emenda Constitucional 97/2017, que estabeleceu normas para o acesso ao fundo partidário e proibiu coligações em eleições majoritárias. Além disso, há um grande número de decretos e resoluções (TSE) que complementam o arcabouço de normas legais a partir de que o calendário eleitoral é estabelecido.

Então, o que é um calendário eleitoral?

Calendário, palavra originária do grego *calendas*, significava um livro de registro com o primeiro dia de cada mês. Eleitoral é a agenda com o registro das principais datas nos anos com eleição. Um calendário eleitoral não é uma agenda definitiva, que serve para todo ano de eleição, visto que também o calendário, além dos partidos, eleitores e justiça eleitoral, deve se ajustar às mudanças legais.

Vejamos algumas das datas mais importantes do calendário eleitoral.

JANELA PARTIDÁRIA
Por lei, seis meses antes do primeiro turno das eleições, parlamentares podem mudar de partido, sem perder o mandato. Geralmente a troca é volumosa e ocorre por diversas razões, a maioria de ordem prática, quase

nunca ideológica. Fora dessa janela, a troca é possível, mas é mais difícil. Claro, estamos falando de partidos existentes, já autorizados pelo TSE.

PRÉVIAS ELEITORAIS

A escolha de candidatos para cargos majoritários – prefeito(a), governador(a), presidente (a) e senador(a) – em um partido pode ser feita por acordo entre os dirigentes, filiados e interessados. Quando há mais de um interessado, o partido realiza escolha interna, prévias. Reza a lenda que as prévias são a pior coisa para um partido, pois ocorre com frequência um racha entre os interessados na candidatura. O ideal, conforme a cartilha política não escrita, é que a escolha seja consensual.

CONVENÇÕES E HOMOLOGAÇÃO DA CHAPA PARTIDÁRIA

Chamamos de chapa o conjunto dos candidatos de um partido que concorrerão em uma eleição. A convenção é uma reunião em que a diretoria do partido, conforme seu regimento, aprova esta chapa com os nomes dos candidatos para ser registrada no Tribunal Regional Eleitoral. Devem seguir as regras de cada eleição, como, por exemplo, cota de mulheres na chapa. Uma das questões mais complicadas é a eventual presença de candidatos(as)-laranja, aquele(a) que apenas dá o seu nome para atender a regra eleitoral, mas que não atua como candidato(a) e muitas vezes é cabo eleitoral de outro candidato.

PRÉ-CAMPANHA

A chamada pré-campanha nada mais é do que o famoso "jeitinho brasileiro" de se fazer campanha, sem estar com a candidatura homologada oficialmente e, mesmo assim, pedir voto de modo oficioso. Informalmente todos sabemos, pela mídia, quem são os candidatos aos principais cargos majoritários, e estes entram em pré-campanha muito antes da campanha autorizada. Quem está ocupando cargos eletivos e tem a máquina institucional nas mãos faz uso disso sob a alegação insuspeita de que estão no exercício do cargo. Por exemplo, quando um secretário de Educação, declaradamente pré-candidato, convoca diretores para falar sobre projetos da sua pasta, está claramente usando a máquina a seu favor. Ou quando um presidente da República inaugura pequenas pontes e trechos de estrada, com discurso político sobre o passado ou o futuro do país, está evidentemente em pré-campanha. O que separa um evento de pré-campanha de uma campanha efetiva é uma linha muito frágil e pouco clara.

CAMPANHA ELEITORAL

A campanha eleitoral propriamente dita, já com os candidatos definidos, vem sendo limitada paulatinamente, principalmente por resoluções do TSE, tanto no tempo de rádio e televisão quanto na extensão temporal e nas formas de veicular a propaganda. Cada vez mais restritas, as campanhas estão reduzidas a um tempo menor antes do dia da votação, algo em torno de 45 dias, e a inserções em rádio e tevê proporcionalmente ao tamanho da representação de cada partido. Partidos com mais políticos eleitos têm mais tempo. Por outro lado, vêm ocorrendo limitações de exposição dos nomes dos candidatos, como, por exemplo, cavaletes nas vias e passeios públicos. Showmícios também estão fora de possibilidade. De modo geral, vem sendo formado um consenso entre candidatos e os coordenadores de campanhas de que as redes sociais estão se tornando o palanque das campanhas, deixando para trás ações como panfletagem pelo correio e panfletagem em concentrações de pessoas ou em locais de grande circulação.

ELEIÇÃO, APURAÇÃO E POSSE

O dia da votação, uma das maiores festas cívicas de um país democrático, é geralmente marcado (primeiro turno) para o primeiro domingo de outubro. O segundo turno, que geralmente ocorre em cidades com mais de 200 mil eleitores e onde a apuração não registrou a vitória de candidato majoritário no primeiro turno, condição esta alcançada com 50% dos votos válidos mais um voto, é marcado para poucas semanas depois do primeiro turno, conforme calendário definido pelo Tribunal Superior Eleitoral. A apuração, desde o advento das urnas eletrônicas (marcadamente eficazes e só contestadas por políticos retrógrados e autoritários), é rápida e, na maioria dos municípios, finalizada no mesmo dia. A posse de alguns cargos é em 1º de janeiro do ano seguinte. Outros em 15 de fevereiro, e alguns em 15 de março.

Independentemente da data da posse, a vigilância, acompanhamento e cobranças de todos os eleitos deve ser agenda eleitoral diuturna de todos nós. Calendário eleitoral tem começo, meio e fim curtos. Um mandato tem vida mais longa, e todas as ações e políticas públicas dos eleitos interferem, para o bem ou para o mal, em nossa vida. Olho vivo e olhar atento, participação e cobranças: estas atitudes devem ser cravadas diariamente em nosso calendário político. Nada disso tem relevância se você não for um eleitor consciente.

Pequeno e pouco exato dicionário de ideias políticas pertinentes às eleições

O significado de palavras, ideias e conceitos são construções históricas. O que antes significava uma coisa, com o tempo pode significar outra. Algumas palavras e ideias, num mesmo tempo, podem ter interpretações diferentes. Isto certamente faz parte da compreensão do repertório de significados que temos a nossa disposição, cujos significados sempre conterão um pouco do olhar de quem define as palavras e as ideias e outro tanto do olhar de quem ouve ou lê. Em meio a este lamaçal escorregadio, mas gostoso e necessário, proponho algumas definições. Sua participação como leitor autônomo e crítico é bem-vinda.

VOTO CONSCIENTE

A história do voto no Brasil não é linear e vem recheada de remendos feitos aqui e ali. Desde os tempos do Brasil Colônia, em que apenas os escolhidos para fazerem parte da Assembleia dos Homens Bons votavam, até hoje, em que o voto é obrigatório e garantido a todos e todas, estendido facultativamente aos jovens a partir de 16 anos, completados no ano da eleição, que tiverem interesse em votar, numa clara e positiva tentativa de envolver a juventude na Política, conquista da Constituição Federal de 1988. A característica mais positiva do voto é sua natureza de escolha pessoal e secreta. Em tese, ninguém fica sabendo em quem cada um de nós realmente votou. Como já falamos sobre a história do voto em outros textos, interessante agora é tentar qualificar o que deve ser um voto consciente. O que é um voto consciente? Voto consciente é o voto pensado, comparado, estudado, discutido e cravado na urna eletrônica como dever de se fazer uma escolha politicamente saudável e boa para a sociedade como um todo. Voto consciente é um voto que pede ao eleitor que ele seja um estudioso, um conhecedor, um buscador de informações. Alguém que antes de escolher e votar se ponha em campo para saber mais da história do partido político, que muitas vezes troca de nome para livrar-se de sua história de parceria com as políticas ditatoriais, negacionistas, exploradoras de trabalhadores, omissos na defesa de avanços sociais. Para saber mais da história do político que se apresenta como novo, como justiceiro, como messias, apesar de ter negado tudo isso no seu trajeto. Voto é tema tão caro que é tratado como cláusula pétrea na Constituição.

CURRAL ELEITORAL

A origem dessa expressão se reporta aos tempos da chamada Primeira República, em que os grandes proprietários de terra, os coronéis, exerciam poderes quase absolutos sobre a população mais pobre ou que morava nas grandes fazendas. Em razão dessa dependência econômica, esses oligarcas estabeleciam sua rede de influência e domínio, principalmente pelo controle da política da região. As eleições eram manipuladas e fraudadas de todos os modos possíveis, com violência, se necessário, e valendo-se, também, da ignorância educacional e do analfabetismo dessa população, para que o poder das elites fosse mantido pelo mesmo grupo. O resultado dos pleitos eleitorais garantia aos grupos dominantes a manutenção da ordem estabelecida em seu favor. Verdadeiros currais onde o gado era mantido preso, cercado e dependente. Daí, a expressão curral eleitoral, num sentido pejorativo, designando um grupo de pessoas dominadas feito gado por um coronel que a ele obedece, cujo voto vai para onde o berrante indica. Hoje, com a migração desses grupos rurais para a periferia das cidades, principalmente, ainda há resquícios de currais eleitorais. O gado não vota mais pelo cabresto, antes mantido pela ignorância, analfabetismo e dependência econômica, mas a dependência e a força ideológica de elites dominantes ainda cultivam seus currais eleitorais que votam pelo cabresto sutil da ignorância política ou, não menos sutil, pelo cabresto religioso. A compra de votos e a troca escancarada de votos por migalhas ainda fraudam a dignidade do voto.

VOTO DE CABRESTO

Essa expressão, de menor uso atualmente, deriva-se por semelhança com a condução do animal de um "gado". Animais irracionais, sem o uso consciente da razão, são conduzidos por um cabresto, uma peça do arreio que prende o gado pela cabeça e pela boca. Esse animal, que não usa sua consciência e raciocínio, diferentemente do homem, é conduzido pelo cabresto. Voto de cabresto é portanto, coisa de gado, ação de votar que não passa pela consciência ou pensamento, mas obedece ao patrão, ao coronel, ao capitão, ao jagunço. A dependência econômica e o atraso intelectual são os ditadores do voto de cabresto.

INFLUENCIADORES(AS) DIGITAIS

Sinal dos tempos: nossos votos também são dirigidos pelos influenciadores digitais. Carreira relativamente nova na praça, o(a) *influencer* digital é a pessoa seguida por milhares de pessoas em sua rede digital e que pode exercer o poder de influenciar o grupo de seguidores. Sem entrar no mérito se o que produzem de conteúdo tem valor social ou não, esses profissionais podem – e fazem – influenciar a vida, o estilo, os rumos e as escolhas de seus seguidores. O voto também? Sim, o voto também, pois os(as) *influencers* vendem produtos, comportamentos e ideias. E os mais desavisados, optantes pelo voto fácil, sem compromisso, podem seguir as dicas propostas por seus "mestres ideológicos". Não é à toa que as redes sociais vêm tomando espaço das antigas formas de se fazer propaganda política. Sinal dos tempos, mais uma vez fica o registro de que o voto consciente é coisa séria e que precisa desligar-se do movimento digital consumista, aleatório, superficial. Voto não se compra e muito menos se vende, tampouco é mercadoria barata para consumidores frouxos.

URNA ELETRÔNICA

A palavra urna é plurissignificativa. Sua significação básica, no entanto, designa um objeto material onde se guardam ou depositam coisas, inclusive, modernamente, cinzas de corpos cremados em cerimônias de funerais. Urna eletrônica deriva da urna eleitoral antiga, geralmente um saco de lona onde os votos de papel eram depositados para serem conferidos. Uma operação grandiosa e custosa, nem sempre com resultados desejados, precisava –

ser montada para guardar a fidelidade e correção dos votos. Com a evolução acelerada da tecnologia, nos distantes idos de 1996, as primeiras urnas eletrônicas foram testadas em alguns municípios brasileiros, com vistas a dar maior praticidade, economia e segurança às apurações. O TSE – Tribunal Superior Eleitoral – foi o responsável por esta mudança no modo de cravarmos nosso voto, deixando para trás gigantes da tecnologia mundial, como os EUA e o Canadá, por exemplo. Em 2000, o país todo votou confirmando o voto pela urna eletrônica, processo exitoso até os dias de hoje. O sistema é frequentemente testado por especialistas, à vista dos partidos, da Ordem dos Advogados do Brasil e do Ministério Público. Apesar das controvérsias e acusações supostas de possibilidade de fraudes, o que nunca ocorreu, a urna eletrônica segue firme a caminho de sua maturidade.

RELAÇÃO DO VOTO COM A EDUCAÇÃO

Qualquer discussão séria sobre caminhos para melhorar aponta para uma única direção: educação. Uma educação de qualidade levará o povo ao patamar de mudança de comportamento e não mais a ser presa de coronéis, *influencers* digitais, líderes personalistas, caudilhos, salvadores da pátria, messias e políticos *outsiders*. Um povo banhado por educação de qualidade, verdadeiramente qualificada, saberá reconhecer falsidades, mentirosos de plantão, ler histórias pessoais e partidárias. E votará com consciência, cobrará de seu escolhido as propostas estampadas no programa de governo ou plataforma de atuação.

Outros conceitos que ajudam a entender melhor as eleições

Não se deixe enganar. Saiba um pouco mais do que está por trás de algumas palavras, conceitos ou ideias usados cotidianamente por nós, muitas vezes com desconhecimento ou imprecisão.

ELEIÇÕES MAJORITÁRIAS e ELEIÇÕES PROPORCIONAIS

Os adjetivos "majoritárias e proporcionais" dão a dica do que isso significa. Eleições majoritárias são aquelas cujo resultado é apurado pela maioria dos votos. Estará eleito o candidato que tiver mais votos (prefeito(a), governador(a), presidente(a) e senador(a) –, no primeiro turno ou no segundo turno, se este for o enquadramento do município. Eleições proporcionais são aquelas cujo resultado é distribuído proporcionalmente entre o número de cadeiras e o número de votos conquistados pelo conjunto dos candidatos de um partido – (vereadores(as), deputados(as). Quanto mais votos uma legenda e seus candidatos tiverem, maior será o número de cadeiras. Recentemente, em 2021, a Lei n.14.211 sofreu algumas alterações para o cálculo de vagas dos cargos proporcionais. Cálculos mais complexos que impõem algumas restrições. A apuração das proporcionais se dá apenas no primeiro turno.

SEGUNDO TURNO

O segundo turno de uma eleição está regulamentado nos artigos 28, 29, inciso II, e 77 da Constituição Federal de 1988. Conforme estabelecidos neste documento legal, o segundo turno somente poderá ocorrer em municípios com mais de 200 mil eleitores se houver necessidade na disputa dos cargos majoritários. A definição de eventual segundo turno nesses municípios é pelo critério de "maioria absoluta" dos votos válidos no primeiro turno. Isto significa que um(a) candidato(a) a eleição majoritária, nos municípios com mais de 200 mil eleitores, terá que disputar um segundo turno se não fizer 50% mais um dos votos válidos. A disputa dar-se-á entre os dois mais votados. Caso um dos candidatos obtenha esta maioria (50% dos votos mais um) no primeiro turno, estará eleito sem necessidade de segundo turno.

REELEIÇÃO

Reeleição é a possibilidade de concorrer mais uma vez, em sequência, ao cargo ocupado, renovando o mandato. O estatuto da reeleição já está presente no país desde o governo do ex-presidente Fernando Henrique Cardoso, aprovado naquela época, e que permitiu sua reeleição, sob acusações de diversas trocas de favores e compra de votos dos parlamentares votantes. No Brasil, prefeitos(as) e vices, governadores(as) e vices e presidente da República e vice podem se reeleger, em sequência, apenas uma vez. Vereadores(as), deputados(as) estaduais e federais não têm limite para a reeleição. Desde quando foi aprovada, a reeleição enfrenta fortes críticas, principalmente no sentido de que quem disputa nova eleição para o mesmo cargo, estando no exercício do cargo, usa a máquina pública em benefício próprio. A crítica procede. Basta ver o número altíssimo de prefeitos e governadores e presidentes que se reelegem. À boca pequena se comenta que só não se reelege quem não quer.

COLIGAÇÃO

O prefixo "co" tem o sentido de concomitância, companhia, simultaneidade. Coligação, assim como coalizão, tem esse sentido de companhia, de agrupamento, de conjunto. Coligação é, portanto, em Política, um agrupamento de partidos em uma eleição, com vistas a formarem um grupo de partidos que disputarão cargos conjuntamente. Uma coligação de partidos para disputar uma eleição proporcional significa que a soma dos votos de todos os candidatos que formam a coligação é que indicará quantas cadeiras parlamentares cada coligação terá. Se a soma de votos dos candidatos dos partidos da coligação der direito a cinco cadeiras, por exemplo, em uma Câmara de Vereadores, os cinco candidatos com mais votos na coligação ocuparão essas cadeiras. Atualmente, a coligação só é permitida na eleição majoritária, conforme a Emenda Constitucional 97/2017. Mas... tudo pode mudar a qualquer momento.

COALIZÃO

Coalizão tem o mesmo significado de coligação. A diferença, se existe, é de ordem prática, uma vez que a coalizão se dá no sentido de tornar a governabilidade (ou governança) de um país, estado ou município coletiva e cooperativa, com a participação nesse governo dos vários partidos da coalizão.

FEDERAÇÃO PARTIDÁRIA

A Federação Partidária já vinha sendo discutida desde 2011, mas foi apenas em 2021 que virou lei (Lei n. 14.208/2021) e, portanto, realidade. A Federação é uma associação de partidos, sem a perda de sua identidade. Tem caráter mais duradouro, permanente se esta for a opção, e deve durar pelo menos quatro anos, diferentemente das coligações, que são eventos eleitorais. Unir-se em Federação impõe aos partidos federados afinidade programática, uma abrangência nacional e respeito a um tempo mais longo de duração. Desfiliando-se da Federação, o partido sofre restrições, entre as quais a possível perda de mandato no caso de parlamentar que deixa um partido filiado à Federação e perda do fundo partidário. Embora seja um movimento político interessante, algumas análises dão conta de que a Federação é uma forma de escapar da cláusula de barreira (exigência legal que requer um certo número de votos e de candidatos eleitos para permitir o acesso ao sempre cobiçado fundo partidário).

BANCADA PARTIDÁRIA

Referimo-nos à bancada partidária como o conjunto de parlamentares de um mesmo partido eleitos para um mandato legislativo. Legalmente, os mandatos pertencem ao partido, à sigla pela qual o parlamentar foi eleito. Nesse sentido, ele exerce o mandato, em nome do partido, de tal forma que segue as orientações partidárias e deve ser fiel a essas orientações. O Tribunal Superior Eleitoral tem entendimento de que, por sermos um sistema representativo, o mandato pertence ao partido. O termo "bancada" também pode se referir a grupos de parlamentares não oficializados, de partidos diferentes, que atuam em conjunto por causas específicas. Exemplos disso são as chamadas bancada da bala, bancada evangélica –, bancada da educação, bancada do agronegócio, bancada ruralista etc.). Nesta mesma direção de agrupamentos, também podemos falar de bloco partidário, um agrupamento de partidos políticos com interesses comuns.

ESTELIONATO ELEITORAL

O estelionato eleitoral, o "giro político", traz a mesma raiz significativa: ludíbrio, engano, mentira para obter lucros. Caracteriza-se como o uso de uma plataforma eleitoral (promessas, declarações, programas de governo etc.) durante a campanha, para se eleger, e negar sua prática depois de ter conquistado o cargo. É o famoso "prometeu e não cumpriu". Ainda que presente em nossos pleitos, não se tem notícias de políticos cassados por esta impropriedade.

Estes conceitos e ideias sustentam boa parte da estrutura política brasileira, via eleições. Nada mais necessário do que entender melhor os meandros da teoria e prática das eleições. Como diz a sabedoria popular: o saber não ocupa lugar. A ignorância, sim.

Democracia

Democracia: alguns tópicos para reflexão

A democracia, como forma política de convivência entre governantes e governados, é resultado de uma construção coletiva.

Uma democracia, que é diferente nos muitos países, e que foi diferente em outros tempos da história política da humanidade, não nos é dada, oferecida como uma dádiva dos deuses e dos céus. Não nasce no chão, não brota em árvores e não cai do céu. É uma construção coletiva e histórica, resultante não só da vivência do modelo político, mas também pela cultura democrática que contorna nossa vida, feita por muitas mãos, muitas mentes e corações e, sobretudo, muitas vidas. Nessa cultura democrática cabem o prazer pela liberdade, o gosto e a responsabilidade pela livre expressão de ideias e opiniões, a satisfação pelo direito de ir e vir, o gostoso de saber-se livre para se reunir onde, quando e com quem quiser, a saborosidade de poder fazer críticas e discordar, a sabedoria de poder lutar por direitos de igualdade e solidariedade entre nós. Construção histórica, nunca pronta e acabada, mas sempre possível de aperfeiçoamento, porque é feita de aprendizagens.

Democracia não pode ser entendida como *slogan* de campanhas ou de discursos políticos apressados e alguns apenas retóricos. É um conceito de vida política construído em momentos históricos por muitos humanos, no passado e presente, de olho no futuro. Democracia sustenta-se no diálogo e o diálogo pressupõe, principalmente, ouvir o outro, as diferentes vozes, os muitos olhares, e, sempre que possível, a tomada de decisão consensual. A democracia pressupõe, também, que as decisões tomadas sejam respeitadas e postas em prática por todos, o que nem sempre é fácil. E, nesse sentido, impõe responsabilidades, consciência e controle. Não se confunde com liberdade para cada um fazer o que bem entende, pois vivemos todos em sociedade e as ações individuais devem se acomodar no respeito ao coletivo. Demanda olhares atentos, pois os conflitos estão sempre presentes na democracia. Diferentes dos regimes e posturas autoritárias, que escondem, ignoram e sufocam os conflitos, pois falta a eles a competência do diálogo para viver com o diferente, os regimes e posturas democráticas estão abertos aos conflitos, às diferenças, à pluralidade e à diversidade. E se abastecem de boa dose de tolerância para essa convivência na pluralidade. A fragilidade da postura autoritária reside exatamente no desrespeito à diversidade: o que não pensa igual, não pode existir. Como escreveu George Orwell, no seu sempre interessante *A revolução dos bichos*, na fala de uma personagem justificando posturas autoritárias: "todos os animais são iguais, mas alguns são mais iguais". E nesta fragilidade do autoritarismo reside a força da democracia: o sábio respeito à convivência com a pluralidade e a percepção de que do conflito exposto e discutido sai a solução. Enterrar e sufocar conflitos é negar a pluralidade, a diversidade, os interesses diferentes: é negar a vida. A democracia se constrói no diálogo e na mediação feita nas diversas instâncias participativas, seja institucionalmente, seja na formalidade ou na prática do cotidiano: nos parlamentos, com representatividade bem plural e diversa, no equilíbrio dos três poderes, nas instâncias da Justiça, nos conselhos consultivos e deliberativos, nas associações de bairro e conselhos de comunidades, nas organizações não governamentais, nos sindicatos e nos partidos políticos etc.

> " A democracia se constrói no diálogo e na mediação feita nas diversas instâncias participativas "

Em todas essas instâncias, a palavra livre leva à ação decidida pela maioria, seja pelo voto, seja pela aclamação. Participar e lutar pela implementação das decisões coletivas são as palavras de ordem na democracia. Dá trabalho, pois a participação na decisão impõe a responsabilidade de dividir a atuação. Nesse sentido, democracia não é produto que se compra na esquina ou pela internet. Nem é comportamento social que se possa transferir e terceirizar a outros. Democracia é uma construção longa, de percurso sempre passível de correções, de olhos abertos, de participações exigidas, de envolvimentos pessoais. E é bom que saibamos, todos, de uma vez para sempre: democracia dá trabalho, não se

> " Participar e lutar pela implementação das decisões coletivas são as palavras de ordem na democracia "

> **"democracia dá trabalho, não se desgruda da capacidade de se indignar ante a atos preconceituosos, ignorantes e autoritários, e demanda coragem para lutar por todos – e não apenas pelos que são "mais iguais""**

desgruda da capacidade de se indignar ante a atos preconceituosos, ignorantes e autoritários, e demanda coragem para lutar por todos – e não apenas pelos que são "mais iguais".

A democracia representativa, modelo político em que prevalece a eleição de representantes para os cargos dos Poderes Executivo e Legislativo, parece estar exaurida e não bastar mais para atender às necessidades da sociedade atual, razão pela qual a democracia participativa, com responsabilidade na decisão e na ação, pede passagem e vem tomando lugar.

Democracia Participativa: por que navegar nessas águas?

Os tempos mudam. Também a Política muda. Desde o final do século passado e início deste, a democracia representativa, modelo político que mais conhecemos, vem sofrendo desgastes, uma vez que não consegue mais fazer com que os representados se sintam plenamente reconhecidos e atendidos por seus representantes eleitos. Há um crescente afastamento da maioria dos representantes institucionais dos interesses e necessidades dos representados, seja pela demora nos resultados, seja pela dificuldade em entender e viabilizar essas demandas. Dessa forma, outros caminhos vêm se desenhando, ampliando o conceito de democracia, na Política. Eis que se começam a ser desenhados novos modos de participação, ampliando a participação na representação. Exemplos desse novo desenho de democracia podem ser citados por sua presença na Constituição Federal: plebiscito, referendo, proposição de projeto de lei por iniciativa popular. Outros exemplos encontramos em propostas feitas por políticos progressistas: conselhos de representantes (ainda precisando de regulamentação após definição do STF, em 2020), conselhos gestores de políticas públicas (entre os quais destacamos os conselhos tutelares, conselhos de saúde, conselho de fiscalização do Fundeb, conselhos de segurança, conselhos de escola etc.), conferências nacionais e gestão participativa, esta mais vivenciada pelo conhecido orçamento participativo. Para além desses eventos políticos, encontramos em meio à ação política da sociedade civil inúmeros outros movimentos que caminham na direção de levar suas vozes ao poder constituído: organizações não governamentais, associações de bairros ou comunidades, coletivos diversos, organizações políticas não partidárias, grupos livres de pensamento e estudos etc.

Neste sentido, esses novos caminhos e desenhos trazidos pela democracia participativa são importantes por inúmeros argumentos, sobre os quais teceremos alguns comentários. Um dos argumentos mais fortes pelo alargamento do conceito da democracia é, certamente, a aprendizagem de participação. Esta aprendizagem, como toda aprendizagem, facilita ao participante incorporar novos conhecimentos, sejam habilidades, atitudes e noções conceituais. Educação política em prática, que as escolas deveriam encabeçar – mas o controle ideológico estatal não permite. Um exemplo dessa ação ideológica controladora é a estupidez conhecida como Escola sem Partido. Também merece registro o argumento de que novas formas de participação na democracia diminuem o distanciamento entre a sociedade civil e os políticos institucionais, os que ocupam cargos públicos, e aproxima governos das demandas da sociedade civil, abrindo os olhos dos governantes para as reais demandas e necessidades do povo. E, de certa forma, as decisões governamentais de políticas públicas tomadas a partir desse movimento de participação tornam as decisões mais legítimas, pois foram tomadas a partir de ações políticas coletivas, podendo, assim, serpriorizadas. E nessa mesma direção, possibilita aos participantes representados tomar conhecimento dos limites do Estado, já que as demandas são, quase sempre, maiores do que os recursos. Estas ações participativas, vale o registro, são saudáveis para ambos os lados: oxigenam as relações entre o Estado (governo) e a sociedade civil (povo), possibilitando novos olhares, outros pensamentos de ambos os lados e dinamizando o fluxo dos

> "possibilitando novos olhares, outros pensamentos de ambos os lados e dinamizando o fluxo dos diálogos – diálogos são a base de qualquer ação democrática – na Política."

diálogos – diálogos são a base de qualquer ação democrática – na Política. É, também, impossível não reconhecer, daí a obrigação de se colocar este argumento na roda, que estes diálogos entre esferas distintas da responsabilidade cívica ampliam o espaço público e concorrem para a agilização das propostas de políticas públicas. Por último, mas não decretando o final desta relação miúda de argumentos pró-democracia participativa, vale reforçar que estes espaços de participação concorrem de maneira sólida para o surgimento de novas lideranças, o que, em Política, é sempre acontecimento salutar e necessário.

Em suma, estamos tratando de educação política, tão benfazeja em tempos bicudos de ações e discursos antidemocráticos, e soberanamente desejada em todos os tempos... A participação, para além da mera representação, nem sempre possível de ser viabilizada e sedimentada, é instrumento fundamental da democracia, um caminho que se aprende caminhando. A democracia não cai do céu e nem dá em árvores, sopra o bom senso dos provérbios populares, visto ser um conceito que se constrói cotidianamente, como um valor perene em nossa sociedade. A participação convida ao envolvimento, ao engajamento, ao estudo e à tomada de decisões. Estas atitudes custam tempo, dedicação, compromisso e muita disposição de lutar por isso, de erguer o ânimo mesmo diante da pouca vontade dos nossos sucessivos executivos. Em compensação, costumam retribuir com uma sociedade mais solidária, mais tranquila, tolerante e mais justa.

> "sociedade mais solidária, mais tranquila, tolerante e mais justa."

Vale sempre a pena se a alma não é pequena.

Redemocratização

Muitas palavras que começam pelo prefixo "re" trazem em sua significação uma retomada de alguma coisa. Assim, redemocratização traz a noção de democratizar novamente, outra vez. Na recente história política brasileira, este termo é usado para indicar o período entre os anos 1975 e 1985, época em que o regime ditatorial militar, já exaurido e sem ter onde se sustentar, com inflação batendo na casa astronômica de 240% ao ano, diante da luta da oposição e de todos os movimentos políticos e sociais, iniciaram calculada e forçosamente uma "abertura lenta e gradual". Ainda governado por generais, esse período teve à frente Ernesto Geisel e João Batista Figueiredo, este último dando mostras visíveis de que se irritava com o poder e preferia "o cheiro dos cavalos ao do povo".

Um brevíssimo histórico dessa contextualização, uma vez que já vão longe os tempos dos "anos de chumbo" e a memória pode trair os desavisados, nos leva de volta ao governo de Jânio Quadros, em 1961, já na nova capital, e sua famosa carta de renúncia em que se referia a supostas forças terríveis que impediam que governasse como bem entendesse. Líder populista, Jânio queria mesmo era ter o poder em suas mãos e governar concentrando poderes. Com sua renúncia, o vice João Goulart começou um governo difícil, com muitas disputas internas, vigiado pelos militares e por parcela reacionária de civis, e ameaçado pela narrativa do combate ao comunismo (é dessa época a narrativa de que comunista comia crianças). Apesar da pressão de alguns setores para que Jango pudesse levar adiante o seu governo, depois de um breve período de Parlamentarismo forçado e volta ao Presidencialismo, determinada por resultado de plebiscito, ele foi sacado do poder pelo Golpe de Estado, dado na virada de 31 de março para 1º de abril de 1964. Não houve nenhuma revolução. O que houve mesmo foi um duro Golpe de Estado.

Nessa ocasião, os únicos que pegaram em armas foram os militares. De lá até 1985, o Brasil foi governado pela linha-dura dos militares, controlando com mão de ferro a liberdade de imprensa, política e a liberdade civil, com ações concretas de tortura, exílio, morte, fechamento de Parlamentos, fim da pluralidade partidária e de eleições diretas e controle total da mídia, entre outras ações. Paralelamente exerciam forte controle ideológico e divulgavam um ilusório "milagre econômico", graças ao endividamento colossal com os fundos internacionais.

Os brasileiros nunca deixaram de lutar contra este Estado de Exceção, pela volta do Estado de Direito, pela democratização do regime de governo. Artistas, intelectuais, professores, estudantes, parte do clero da Igreja Católica, jornalistas e profissionais liberais nunca saíram da trincheira de luta. A redemocratização formal proposta e iniciada pelos militares seguiu adiante com uma série de movimentos e lutas pela ampla abertura democrática. Ao longo desse período, desde 1964, a oposição ao regime ditatorial foi se apresentando e ganhando espaços nos corações e mentes dos brasileiros: movimentos de rua, movimentos grevistas na Região do ABC paulista, maior parque industrial do país, movimento dos estudantes (forte em 1967 e 1968), movimento pela anistia dos presos políticos e exilados que culminou com a edição da Lei da Anistia, que também interessava ao militares para proteger seus algozes (1979), fim do bipartidarismo (em 1982), movimento Diretas Já – Emenda Constitucional Dante de Oliveira (em 1984, pelo restabelecimento da eleição direta do presidente, o que não ocorria desde 1960). Em 1985, os militares, sufocados e sem rumo, devolveram o governo aos civis, já com o satânico, perverso e autoritaríssimo Ato Institucional n. 5, revogado em 1978. Em 1986 foi eleita uma Assembleia Nacional Constituinte para redigir uma nova Constituição, em substituição àquela outorgada pelos militares. Dois anos depois, em 1988, tínhamos nova Carta Magna, com ideais claramente democráticos e respeito aos direitos humanos. Embora principiado pelos dois últimos generais, é a partir de 1985 que se pode falar verdadeiramente em redemocratização, com a volta do pluripartidarismo, eleições amplas e gerais, liberdade de imprensa, participação aberta a todo cidadão. No entanto, não se pode falar de uma abertura democrática ampla e irrestrita, pois muito do chamado "entulho autoritário" ainda permaneceu vivo, disfarçado e camuflado nos esgotos políticos, tais como a divisão da oposição de esquerda em muitos partidos e o perdão aos torturadores e assassinos da ditadura. Por um tempo, esta redemocratização foi conhecida como a Nova República, expressão que se desgastou ao longo dos anos, sobretudo por não apresentar quase nada de novo e ainda arrastar vícios anteriores.

Podemos falar que nosso país está "redemocratizado" e que vivemos em um regime plenamente democrático? Eis a questão que paira no ar, acima de nossas impressões. Se, por um lado, o regime é democrático, ainda convivemos com um certo desconforto institucional, pois com frequência o regime é atacado por autoritários ignorantes com louvor à ditadura militar e seus torturadores, de triste memória, pela manifestação jocosa de desprezo à Constituição e aos poderes constituídos, em especial à instância máxima da Justiça, e pelo estímulo equivocado ao armamento da população, como forma de "defesa". Por outro lado, a saída para a solidificação da democracia, para além da redemocratização e de insultos institucionais, é o fortalecimento cotidiano do regime democrático e da Constituição que o desenhou e que o garante. Como o regime democrático, com suas imperfeições, não é um presente divino, o que temos pela frente é a eterna vigilância e a pronta defesa pela participação. A história do nosso país é escassa em exemplos de épocas democráticas plenas. Imperadores, militares, ditadores civis, oligarcas e elite sempre estiveram prontos para dar golpes e assumir o comando da vida política, mantendo assim seus muitos privilégios. Os inimigos da democracia, desde sempre, agem incessantemente, muitas vezes em silêncio e dentro das normas estabelecidas; outras vezes, por suas declarações estúpidas, por suas atitudes e tentativas de alterar a divisão do poder.

Democracia não cai do céu, muito pelo contrário, se constrói cotidianamente na geografia de nossa pátria. Ruidosa, calorosa e efervescentemente.

Escola e democracia

Se há conceitos que sempre precisamos revisar, atualizar, para entender bem e vivê-lo, um deles é o conceito de democracia. Da Ágora, praça grega conhecida por todos nós, desde os estudos escolares fundamentais, onde eram debatidos os assuntos da cidade-estado, até os dias de hoje, com os modernos estados democráticos. Do modelo de democracia grego à atualidade, muita coisa mudou.

A sociedade tornou-se mais complexa, novas necessidades foram sendo criadas e o modo de se fazer ser ouvido nas agendas políticas também mudou. A democracia, no Estado moderno, tem sido praticada politicamente pelo que chamamos de democracia representativa. A democracia representativa se faz por meio de representantes escolhidos pelo voto para nos representar, para falar e lutar por nossas necessidades, em nosso nome. E estão lá, classicamente, existindo na figura do Parlamento, nas casas legislativa. É nessas casas (Câmaras Municipais, Assembleias Legislativas, Câmara Federal e Senado Federal) que estão as pessoas com a função por excelência de nos representar, de falar e agir em nosso nome. No entanto, ao longo dos tempos, e com a evolução e complexidade de nossa sociedade, este modelo representativo, apesar da pluralidade de sua formação, não tem dado conta de representar todas as demandas sociais represadas.

Por mais antenados e abertos que sejam os nossos representantes no Parlamento, embora muitos não o sejam, eles não têm conseguido levar adiante, ao Executivo, à agenda política, toda a demanda por políticas públicas. Isto sem falar no dinamismo das demandas. Por essa razão, basicamente, temos visto surgir no panorama da democracia, sustentada pela insatisfação dos cidadãos em não ter suas demandas atendidas, uma pluralidade de outros setores, segmentos e movimentos autônomos que tentam dar visibilidade a essas demandas. Assim é que a sociedade civil vem ampliando sua presença nas lutas democráticas, criando novos espaços públicos ou cívicos que desembocam em uma democracia participativa, exercida através de conselhos institucionais ou populares, de ONGs, movimentos sociais etc. Ampliam a participação política e fazem chegar ao Executivo suas demandas sociais através desses numerosos outros movimentos de participação. São milhares deles, espalhados na malha social, e todos buscando dar visibilidade e voz a sua demanda, seja por moradia, por educação de qualidade, por saúde, por respeito à pluralidade de pensamentos e costumes... Dar visibilidade e levar à Política institucional suas demandas. A democracia aceita isso, pois é de sua natureza lidar com a pluralidade, com o diálogo, com a multiplicidade de vozes.

Particularizando, para esboçar um exemplo dessa atuação participativa, o Conselho de Escola é um desses movimentos/instituições que diversificam a participação democrática. Um Conselho de Escola é eleito, tem representantes de todos os segmentos da escola, dá voz a todos nas discussões, fecha decisões e convoca os conselheiros a irem a campo para lutar por suas decisões. Em tempos idos, o Conselho de Escola foi meramente consultivo, ou seja, o(a) diretor(a) da escola convocava poucas vezes ao ano o conselho para consultá-lo e ouvir sua opinião. Tinha um papel formal e burocrático, meramente consultivo, de pouca importância. Atualmente, de algumas décadas até hoje, o Conselho de

Escola passou a ser deliberativo, ou seja, as decisões aclamadas pela maioria devem ser colocadas em prática. Um exemplo claro de democracia participativa e um exemplo óbvio de que a escola é um organismo político vivo. Por isso, os representantes de movimentos despolitizantes, como o Escola sem Partido, tremem de medo da vivacidade política dentro da escola e querem a todo momento calar a liberdade de voz, de decisão e de luta por conquistas. Bom reafirmar, no entanto, como já dissemos, que democracia não cai do céu e nem brota em árvores: é construção conquistada. Por isso, o Conselho de Escola e toda a comunidade que representa devem lutar por sua constituição, por sua ação e por sua liberdade e, certamente, pelas demandas que põem na roda da conversa. Não é à toa que administrações covardes e mesquinhas e autoritárias sufocam os Conselhos de Escola e ignoram suas vozes. Por temê-las.

Escola e democracia são irmãs siamesas, se autossustentam. Mas temos que nos empenhar para que isto assim seja.

Educação para a Política

Uma das questões principais que temos na lida com o espaço político democrático é a aprendizagem política, a presença soberana da Política em nossa vida, uma suposta apatia política e a necessidade de aprender a transitar nesse campo. Em decorrência disso, podemos formular a premissa de que "educar-se politicamente faz parte do rol das aprendizagens urgentes da contemporaneidade", algo como preparar-se para viver a cidadania. Nesse sentido, temos que falar em uma Educação para a Política. A Educação para a Política precisa ter, de modo geral, o mesmo tratamento que outros campos do saber: definição de objetivos, levantamento de conceitos e aplicação. E o caminho é o desenvolvimento do pertencimento e responsabilidade, a conscientização e a oportunização de experiências com participação em instâncias participativas. Nessa trajetória, faz parte das

> "educar-se politicamente faz parte do rol das aprendizagens urgentes da contemporaneidade"

definições o desenvolvimento da aprendizagem de conceitos como: Política, Cidadania, Diálogo Democrático, Participação, Ética, Partidos Políticos, Eleições, Formas/Sistemas de Governo, Poderes da República, Liberdade de Expressão, Constituição Federal, Sociedade Civil, entre outros.

Caminhando e avançando nesta linha de pensamento, cabe uma pergunta decisiva:

Onde colocar essa aprendizagem necessária?

Parte da resposta já é dada por inúmeras associações da sociedade civil, em sua prática ou em seus cursos (sindicatos, associações de bairros, institutos legislativos etc.), mas ainda é insuficiente, principalmente quando os adversários da democracia estão no poder ou abundam nas redes sociais, espalhando desinformação, deformação, violência, retrocesso e intolerâncias. A esses arautos do autoritarismo tirânico só interessam a ignorância e a apatia política. Por essa razão e complementando a resposta iniciada dada à pergunta "onde colocar esta aprendizagem necessária", defendo a proposta de assentar esta aprendizagem no currículo escolar. Se temos a compreensão de que a escola é o *locus* da aprendizagem por natureza, e a Educação para a Política é necessária, eis aí a proposta para ser discutida e levada adiante. Nada mais contextualizado significativamente com a realidade do que a presença desses estudos nos ares escolares.

> "criar um espaço formal nas escolas em que a Educação Política possa existir e formar cidadãos de comportamentos democráticos, livres, tolerantes e abertos ao pensamento divergente."

Cabe aqui um brevíssimo parêntese: não estou propondo a volta da famigerada Educação Moral e Cívica, com seu viés cívico-moralista, de patriotismo sem sentido, de viver pela pátria e não ter razão própria de viver. Penso em estudos intensos, cotejados com a realidade, debatidos com os diferentes atores sociais e políticos, trazendo/levando para dentro da escola a vida política.

Eis minha proposta para hoje: criar um espaço formal nas escolas em que a Educação Política possa existir e formar cidadãos de comportamentos democráticos, livres, tolerantes e abertos ao pensamento divergente. Talvez com isso possamos iniciar efetivamente o combate a esta bobagem (bobagem perigosa) conhecida como Escola sem Partido. Seus "partidários" temem exatamente isto: libertação da dominação ideológica, cujas garras mais afiadas, a ignorância e a apatia, estão nos assustando e oprimindo em cada canto do mundo.

Escolas do mundo, uni-vos: educação para a Política é educação para a vida!

O fortalecimento da democracia

Uma pergunta muito feita em várias partes do mundo é sobre o avanço de regimes de governo autocráticos (governos ditatoriais, despóticos, autoritários, com o poder centralizado em uma ou poucas pessoas) contra os regimes democráticos (governos baseados na liberdade, no diálogo, no respeito às instituições e com o poder dividido em mais de uma instância, com mais pessoas tomando decisões). Essa preocupação mundial mostra-se pertinente, considerando-se o expressivo aumento de governantes, mesmo os eleitos sob a democracia, em eleições democráticas e diretas que, chegando ao poder, o exercem de modo autoritário, contrário aos princípios democráticos: restringindo liberdades e direitos civis; atacando os adversários, desqualificando-os, punindo-os ou perseguindo-os; desrespeitando a Constituição ou tentando mudá-la para atender seus interesses ditatoriais; apoiando a violência ou ignorando-a, fazendo vistas grossas; censurando e limitando a liberdade de expressão da mídia, seja por ameaças ou por sufoco econômico. Servem-se, para isso, de um punhado de seguidores sem consciência política, de *fake news* numerosamente espalhadas por redes sociais, de acordos políticos manobrados com partidos de índole política rasa, cujos representantes eleitos têm interesses particulares que superam os interesses da nação.

De modo geral, o comportamento político contrário à democracia, mesmo antes de ser instalado no poder, é manifestado em pessoas demagogas, *outsiders* (fora da casinha, como se diz popularmente). Muitos veiculam um discurso antissistema, como se fossem "salvadores da pátria", o messias, o que, sozinho, produzirá as mudanças a que muitos aspiram. Demagogos e superficiais, vendem um discurso fácil de futuro diferente, mas quando chegam ao poder fazem tudo para aniquilar as liberdades civis, o diálogo, as representações políticas e as instâncias de participação. Certamente, nós brasileiros conhecemos políticos dessa estirpe em nossa história recente. Mais de um, inclusive. E no mundo, esparramados pelos cinco continentes, há sólidos exemplos dessas figuras bizarras que afrontam liberdades, impõem vontades únicas, concentram em si próprios os poderes de legislar, executar e julgar, distribuem o medo como quem solta pipa ao sabor de um bom vento.

O que nos leva a defender a democracia, os regimes democráticos?

A democracia combina com a natureza humana: livre, criativa, falante, produtora de cultura, plena de fantasias imaginativas, rica em sabedoria. Esses são valores caros à natureza humana e à democracia. Mas nem por isso – ou talvez exatamente por isso – a postura democrática de valores e atitudes exige dois comportamentos dos democratas: apreço ao saber e sabor pela responsabilidade. Apreço ao saber, pois é o conhecimento que nos afasta da ignorância, do silêncio, do embrutecimento, da covardia, do negacionismo. Sabor pela responsabilidade, pois valores e atitudes democráticos são construídos – e não nos são dados por receita, ou por carta, ou por transferência cartorial. A defesa e a atitude democrática demandam trabalho, conhecimento e participação. E responsabilidade de cada um de nós. A cidadania democrática não é dádiva: é construção diária e coletiva.

> **"O que nos leva a defender a democracia, os regimes democráticos?"**

Dito isso, penso que é mais interessante apostar no fortalecimento da democracia. Assinalamos, a seguir, algumas propostas:

> ▸ **ficar alerta, denunciar e combater** todo e qualquer movimento de enfraquecimento da democracia (pois nem sempre o golpe vem de uma única vez e de forma violenta: golpes contra a democracia podem acontecer aos poucos, e dentro da lei, contribuindo lenta e silenciosamente para a debilidade da democracia);

- **identificar pessoas, políticos ou não, que pregam a ideologia do autoritarismo** e negam as liberdades civis, sociais e políticas, para denunciá-los e combatê-los;

- **acompanhar, na medida do possível, a vida partidária** e as escolhas dos políticos partidários, principalmente dos que detêm cargos na estrutura legislativa ou executiva (bom lembrar que não há democracia sem partidos políticos, e quanto mais sérios forem os grandes partidos, mais forte será a democracia);

- **acompanhar e cobrar os represes eleitos** para nos representar nos Poderes Executivo e Legislativo (eles estão no exercício desses cargos para representar os interesses do povo e devem satisfação de sua conduta aos eleitores e cidadãos todos – sob pena de termos que engolir coisas como o orçamento secreto, desmonte dos serviços públicos, aumento de salários para a elite em detrimento de salários aviltantes de todos os demais trabalhadores, calote nos precatórios, desrespeito aos conselhos participativos, crimes hediondos contra o meio ambiente, pulverização do patrimônio da nação, aparelhamento ideológico do Estado etc.);

- **empenhar-se na educação política consciente** (por estar, querendo ou não, presentes na vida de todos, a Política precisa ser mais estudada, compreendida e discutida. Por isso, todos os espaços e todos os canais de informações, tais como redes sociais, grupos de estudo e de leitura, ONGs, *think tanks*, mídia, escolas, igrejas, associações de bairro, conselhos participativos etc., devem se constituir em espaços e momentos de educação política);

- **participar de instâncias democráticas e transparentes** (principalmente daquelas que conquistaram poder de voz em instâncias legislativas ou executivas, como os sindicatos, as associações de bairro, os conselhos participativos etc.).

Finalizando: demagogos, populistas e *outsiders* são quase a mesma coisa, políticos que desprezam o diálogo, as decisões coletivas e a democracia institucional. Contra eles, em defesa da democracia, partidos fortes e políticos partidários compromissados com os interesses da maioria da população. Acompanhamento, cobrança e participação de todos quantos pudermos. Não é receita, mas é um caminho possível e necessário para o fortalecimento da democracia.

Acompanhamento, cobrança
e participação de todos quantos pudermos.

Quase fim de papo

Bem... por ora você chegou ao fim da leitura deste livro. Será que o papo acabou?

A ideia básica destes textos é povoar sua mente e seu coração com informações básicas sobre Política (com P maiúsculo), tirar esse assunto da sombra dos guardados e da formalidade dos jornais impressos ou falados e colocá-lo nas rodas de conversa, nos currículos de escolas, nas conversas no transporte público, no almoço de domingo, sem susto, sem medo de engasgo ou sapos goela abaixo. Política, como escrevi algumas vezes, querendo ou não, gostando ou não, está presente na vida de todos nós. Podemos fazer de conta que não, mas esse exercício de faz de conta custa a cada um de nós ser atropelado e pego de surpresa por decisões políticas que, de repente, afetam a vida de modo quase irreversível.

Esta foi a razão básica da escrita deste livro, cujos textos foram escolhidos entre os muitos que escrevi e continuo escrevendo: tirar o leitor e a leitora da zona de conforto e sugerir conversas necessárias sobre temas do cotidiano da vida política. Conversando, lendo, pensando, pesquisando, discutindo, formando opiniões. A ideia de fazer isso, de forma organizada, surgiu quando conheci um livro (ou cartilha) chamado *Iniciação política*, escrito por Vera Helena F. Tremel e publicado pelo Instituto Paulista Legislativo, da Assembleia Legislativa de São Paulo, há mais de dez anos. E fui amadurecendo a ideia com a leitura de dois livros do filósofo espanhol Fernando Savater, *Ética para meu filho* e *Política para meu filho*, ambos publicados pela Editora Martins Fontes, e a ideia começou uma tomar forma com alguns cursos e materiais impressos da Oficina Municipal, da Fundação Konrad Adenauer, sobretudo os cadernos da *Série Cidadania e Política*. Juntei estas leituras e formatos com a leitura e pesquisa nas dezenas de cartilhas, sobre os mais diversos assuntos, que colecionei ao longo dos últimos anos na experiência deliciosa de escrever os nove volumes da coleção Conversas sobre cidadania, publicados pela FTD, e *Cidadania agora*, publicado pela Editora Saraiva. Alguns manuais de Filosofia e Sociologia destinados aos alunos do Ensino Médio, com sínteses interessantes das principais correntes filosóficas, dos conceitos sociológicos e a relação da Política com a Filosofia, principalmente, também navegaram comigo nessa viagem. Somem-se a isso as centenas de artigos de diversos jornais, entrevistas e reportagens que li, recortei e guardei, de modo meio desorganizado, mas que me permitia acesso frequente. Naveguei por muitos *sites*, buscando complemento de informações, entre os quais cito o *Politize!*, os *sites* dos órgãos políticos e Justiça Eleitoral, TSE, principalmente, e a enciclopédia Wikipédia. Somem-se mais: as centenas de horas assistindo debates sobre Política em telejornais, com especial atenção ao Jornal da Cultura, da TV Cultura de São Paulo. E nessa relação bibliográfica, estranhamente indicada, sem nenhum pudor acadêmico, não posso esquecer da Carta Magna, nossa Constituição Federal, guardiã primeira do Estado Democrático de Direito. Como escrevi em um dos textos, ela bem que poderia (ou deveria?) ser nosso livro de cabeceira. E este caldo todo, aparentemente bagunçado, mas farto e abundante, foi temperado com meu trabalho, de mais de vinte anos, como assessor parlamentar, acompanhando bastidores desses Parlamentos: primeiro na Câmara Municipal de São Paulo e depois na Assembleia Legislativa de São Paulo.

O que eu quis dizer nestas linhas deste quase fim de papo, em outras palavras, é que: o papo não acabou e que a conversa poderá (deverá?) continuar e frutificar em seu universo. Quis dizer também que estas conversas não acabam nunca e que cada um de nós estará melhor preparado conforme for melhor e mais rico o trajeto próprio de formação. Suas leituras, sua participação em movimentos, suas audiências, tudo isso vai formando o seu trajeto de aprendizagem nos caminhos políticos que a vida nos oferece ou impõe. Portanto, este QUASE FIM DE PAPO é uma pegadinha, um mero artifício para dizer a você que a história vai acontecendo e você pode e deve escolher participar dela, fazendo sua história. Aí, caro leitor, cara leitora, nada é fim de papo. Estamos sempre aprendendo e vivendo. E nos situando na história do tempo em que vivemos.

Espero que tenha valido a pena!

cortezeditora.com.br